Bronislaw Erlich Ein Überlebender berichtet

Bronislaw Erlich

Ein Überlebender berichtet

Von Warschau durch das KZ Wołkowysk und nach Fluchtversuchen als Zwangsarbeiter in Deutschland, dann von Polen nach Israel, Deutschland und in die Schweiz

Herausgegeben von Erhard Roy Wiehn
Hartung-Gorre Verlag Konstanz

Umschlag-Titelseite: Bronislaw Erlich 1945; Rückseite: 1985; Herstellung: BoD GmbH, Norderstedt, Deutschland

1939–2019
80 Jahre Einmarsch der deutschen Wehrmacht in Polen –
Beginn des Zweiten Weltkriegs und der Holocaust-Schoáh

Bibliographische Information der Deutschen Nationalbibliothek
Die Deutsche Nationalbibliothek verzeichnet diese Publikation in der Deutschen Nationalbibliographie; detaillierte bibliographische Daten sind im Internet über <http://dnb.ddb.de> abrufbar.

1. Auflage 2007, 2. Auflage 2016; 3. Auflage 2020
Hartung-Gorre Verlag, Konstanz, Germany
ISBN 3-86628-141-2 u. 978-3-86628-141-7

Inhalt

Widmung

Dieses Buch widme ich dem Andenken meiner Eltern, die vier Kinder liebevoll erzogen haben,
und meinem jüngsten, damals 12-jährigen Bruder Jakob,
der bei den Eltern geblieben und mit ihnen umgekommen ist,
sowie meinem Schulfreund Mosche Lichtenstein aus Warschau, den ich hinter Stacheldraht im KZ Wołkowysk entdeckte und der sorgenvoll fragte: "Wird jemand von uns überleben, um vor der Welt Zeugnis abzulegen von unserem Untergang?"
In seiner Person gedenke ich aller meiner Leidensgenossen
in Wołkowysk, von denen ich keinen mehr getroffen habe.

Bronislaw Erlich
im März 2007

Bronislaw Erlich

Ein Rückblick auf Jahrzehnte

Die folgende Geschichte ist aus dem Bedürfnis heraus entstanden, meinen Kindern und Nachkommen ein Dokument zu hinterlassen, aus dem mein Leben - soweit die Erinnerung es erlaubt - wie auch Ereignisse der schwärzesten europäischen Geschichte ersichtlich werden.

Ich stehe kurz vor meinem 60. Lebensjahr. Sicher ist das heute kein Alter, man glaubt sich noch jung und kräftig, obwohl schon lange die Brille zum Lesen und Schreiben unentbehrlich ist und verschiedene körperliche Betätigungen nicht mehr ganz mühelos möglich sind.

Sollte es eines Tages – aber hoffentlich noch nicht bald – zu Ende sein, würden die Kinder und Enkel nicht viel über den Vater und Großvater wissen, über sein Leben und die vielen Einzelheiten, die das Leben ausmachen. An gemütlichen Abenden, wenn ich aus meiner Erinnerung erzählte, stellte ich immer wieder großes Interesse bei den Zuhörern fest, die mich ermutigten, das Erlebte doch aufzuschreiben.

Soll das ein Buch werden? Ich und ein Buch schreiben? Es soll vielmehr ein Bericht sein, der den Nachkommen einen Rückblick in die Dreißigerjahre und die Zeit des Zweiten Weltkrieges erlauben kann, um die Kenntnisse ihrer eigenen Vorgeschichte um 50-60 Jahre zu erweitern.

Bronislaw Erlichs Haus seiner Kindheit in der Warschauer Nalewki-Straße 34 (1. v. r.)

Bronislaw Erlich 1985

Erhard Roy Wiehn

Bericht eines Überlebenden

Bronislaw Erlich hat in der Tat ein Dokument hinterlassen, das es in sich hat. Es beschreibt zunächst die ganz normale kleine Welt einer mittelständischen jüdischen Schneiderfamilie mit vier Kindern samt den Kindern der Nachbarschaft in Warschau, die sich einmal im Jahr sogar Ferien leisten kann, wenn auch nur in der Nähe der Hauptstadt. Besonders liebenswürdig geschildert erlebt man den Sederabend, den Beginn des Pessachfestes im Frühling mit all seinem Zauber, das Fest zur Erinnerung an den Auszug der Kinder Israels aus Ägypten. Nach guten Jahren in der Grundschule beginnt der Ernst des Lebens mit einer Lehre der Chemigraphie, die mit Lernbegier gemeistert wird.

Dann folgen der Alptraum des Kriegsbeginns in Warschau, des Überfalls der deutschen Wehrmacht auf Polen, die Leiden unter deutscher Besatzung, der Abschied von der Familie und die Flucht in den sowjetisch besetzten Osten Polens, um nach dem Angriff der Deutschen auf die Sowjetunion nach dem 22. Juni 1941 auch dort wieder unter deutsche Besatzung und nach gescheiterten Fluchtversuchen ins KZ von Wołkowysk und in eine dortige Arbeitskolonne zu geraten, die unter Aufsicht der Besatzer verlassene jüdische Wohnungen filzt. Nach einem abermaligen erfolglosen Fluchtversucht entwickelt sich mit einer gefälschten Geburtsurkunde tatsächlich nach und nach ein Ausweg, der todsicheren Vernichtung zu entgehen.

Nach Białystok kommt die Wende in der Ortschaft Zaścianki, wo Bronislaw als Knecht bei einem Bauern Arbeit und Zuflucht findet und wo sich das dann doch plötzlich drohende Unheil als unerwartete Überlebenschance erweist: Anstelle eines ehemaligen polnischen Kriegsgefangenen, der in der deutschen Landwirtschaft bereits Zwangsarbeit verrichtet, auf Urlaub zu Hause aber nicht mehr zurückkehren will, wird nun Bronislaw nach Deutschland geschickt und gelangt nach letzten gefährlichen Kontrollen, die ihn beinahe als Juden enttarnt hätten, auf einem Bauernhof zunächst in Illeben, dann im benachbarten Reichenbach in Thüringen, wo er sogar einem lebensgefährlichen Konflikt mit seinem Bauern übersteht, um schließlich durch die US Army endlich befreit zu werden.

Bald arbeitet er in der Küche einer US MP-Einheit in Langensalza, findet Freunde in einem DP-Lager in Gotha, erlebt das zerstörte Nürnberg, arbeitet eine Weile als Dolmetscher bei einer Pioniereinheit der Roten Armee in Weimar, lernt dann durch Liebe auf den ersten Blick seine künftige Frau Anna kennen, geht mit ihr nach Polen zurück, besucht die Trümmerwüste des jüdischen Warschau, wo von seinem Geburts- und Elterhaus kein Stein auf dem anderen und von seinen Eltern und seinem Bruder kein Spur geblieben ist. Bronislaw findet in Wrocław (Breslau) Arbeit in seinem Beruf und eine kleine Wohnung, vor allem aber trifft er hier seinen ältern Bruder wieder, der in der Roten Armee gekämpft und seine Schwester, die ebenfalls überlebt hatte.

Nach und nach werden zwei Kinder geboren, 1958 zieht die Familie nach Israel, kommt 1960 nach Deutschland und 1961 in die Schweiz, wo sich Bronislaw Erlich beruflich sehr erfolgreich entwickeln kann, weit über das normale Pensionsalter hinaus beruflich aktiv bleibt und schließlich seine Erinnerungen aufschreibt, um Zeugnis abzulegen, ein Zeugnis, das es in sich hat: Es ist einmal mehr ein Zeugnis der deutschen Barbarei in Polen und der Sowjetunion, des Lebens und Leidens der Juden im deutschbesetzten Europa, aber auch eines unglaublichen Lebensinstinktes und Überlebenswillens eines ganz jungen Mannes damals, nicht zuletzt ein Dokument von glücklichen "Zufällen" und einem alles in allem guten Ende, das jedoch nichts an dem bleibenden Schmerz des Verlustes der Familie ändert.

Wir freuen uns, daß unser neuer Autor Bronislaw Erlich dankenswerterweise durch die freundliche Vermittlung von Frau Dr. Helena Kanyar Becker von der Öffentlichen Bibliothek der Universität Basel an uns gelangt ist, danken herzlich für seine Erinnerungsarbeit, und daß er uns seinen Überlebensbericht anvertraut hat. Herzlichen zu danken ist einmal mehr auch Gabriela Kruse-Niermann M.A. (Universität Konstanz) für das Scannen des Textes und der Fotos sowie für ihre erste verdienstvolle erste Lektorierung. Bronislaw Erlichs "Ein Überlebender berichtet" ergänzt das schwarze Mosaik unserer Edition zur Schoáh in Polen (siehe hier Seite 109f.). Und nicht zuletzt: Was aufgeschrieben, veröffentlicht und in etlichen Bibliotheken der Welt aufgehoben ist, wird vielleicht nicht so schnell vergessen.

1. Mai 2007

Bronislaw Erlich

Ein Überlebender berichtet

Die Schneiderei in der Küche

Es war der 28. Februar 1923, als ich in Warschau zur Welt kam. Ich war das dritte Kind eines Schneiders, der sich - wie viele seiner Berufsgenossen - die ganze Woche vom Morgen bis zum Abend abmühte. Das Leben eines Schneiders war nicht leicht, besonders wenn er nach seiner Lehrzeit seine eigene Werkstatt eröffnet hatte, um sich mit Hilfe seiner Frau und der heranwachsenden Kinder durchs Leben zu kämpfen. Es gab auch bessere Zeiten, in denen noch ein Gehilfe beschäftigt wurde, manchmal sogar zwei, aber das war seltener.

Es war üblich, daß ich mit einem fertigen Anzug über dem Arm mit meinem Vater Nuchim zu einem Kunden ging. Die Überbringung eines fertigen Kleidungsstückes war ein ganz besonderes Ereignis, denn es war ein Trinkgeld seitens des Kunden zu erwarten. Meist bekam ich 50 Groschen und manchmal sogar 1 Złoty. Das war für mich als 12- oder 13-jähriger Junge ein Betrag, für den ich ins Kino gehen konnte. Trinkgelder habe ich jedoch gerne gespart, aber wenn ich schon 3 oder 4 Złoty angesammelt hatte, konnte es geschehen, daß meine Mutter mich bat, ihr das Geld zu leihen, wobei sie versprach, mir das Geld zurückzugeben. Ziemlich traurig gab ich meiner Mutter meine Ersparnisse, ich kann mich aber nicht erinnern, daß sie mir meine Anleihe zurückgegeben hätte. Die Zeiten waren schwer, jeder Groschen zählte und Mutters Wunsch konnte man nicht ablehnen.

Mütterliche Vorsorge hat man als Kind gerne genossen, aber nicht wirklich zu schätzen gewußt. Viel später, als ich schon in der Berufslehre war, kam ich immer spät aus der Abendschule nach Hause. Alle hatten schon gegessen und sich zurückgezogen. Doch meine Mutter servierte mir noch ein Abendessen und schaute zu, wie ich alles mit einem Riesenappetit verputzte. Erst Jahre später habe ich verstanden, mit welcher Freude meine Mama zugeschaut hat, wie ich mich satt aß. Die Liebe der Mutter hat einen begleitet, ohne daß man als Kind dran gedacht hat.

Mein Vater hatte oft Diskussionen und auch Ärger mit seinem Schneidergesellen Herschel, so hieß das junge, kurzsichtige - in optischer Hinsicht -

Schneiderlein, war gewerkschaftlich und sonst politisch bewußt und selbstverständlich links stehend. Des öfteren hat er meinen Vater und nach und nach fast alle übrigen Familienmitglieder in seine politischen Vorträge mit einbezogen. Er saß dabei auf seinem Arbeitsstuhl, tief über das Kleidungsstück gebeugt, das er gerade mit regelmäßigen Stichen fleißig bearbeitete, und sprach währenddessen unentwegt über seine Ansichten. Wo besondere Schlußfolgerungen oder seiner Ansicht nach wichtige Erkenntnisse zu unterstreichen waren, blieb die mit der Nähnadel bewaffnete Hand in der Luft hängen. Er hob den Kopf, und mit seinem ewig im Gesicht klebenden Lächeln glaubte er, alle gerade in der Küche Anwesenden überzeugt zu. Aber mit Herschel war es mitunter auch lustig. Mein Vater hörte sich mit Schmunzeln seine Ausführungen an. Die politischen Ansichten seines Gesellen waren ihm gleichgültig. Vater hatte andere Sorgen, als die Welt zu verbessern. Es lag ihm mehr daran, daß wir Kinder uns an Herschels Idealen nicht ansteckten und sein Gedankengut nicht übernahmen. Mein Vater war loyal. Er wollte auf keinen Fall mit Gesetz und Ordnung in Konflikt geraten. - Die Küche war übrigens die eigentliche Näherei, eine mit zwei Nähmaschinen und einem großen Arbeits- und Bügeltisch ausgestattete Werkstatt. Von diesem Mehrzweckraum wird noch die Rede sein.

Ein Kinderstreich im Ferienort

Eine persönliche Erfahrung mit Herschel, die mir im Gedächtnis geblieben ist und die zur Verärgerung der ganzen Familie beigetragen hat, machte ich, als ich schon in der Berufslehre als Photochemigraph stand. Es war im Sommer 1938, und wie fast jedes Jahr mietete der Vater eine Ferienwohnung im 18 km entfernten Legionowo. Die Mutter und wir Kinder waren in den Sommermonaten dort. Der Vater arbeitete die ganze Woche in Warschau und kam am Freitag zu uns, um das Wochenende mit uns zu verbringen. Als ich mit 14 Jahren meine Berufslehre begann, wurde ich in den Sommermonaten zum Pendler. Allerdings wurde in meiner Lehrstelle am Samstagmittag bis 12 Uhr gearbeitet. Danach fuhr auch ich nach Legionowo hinaus. An jenem Freitag war der Vater ohne Geld nach Legionowo gekommen. Nicht selten passierte es, daß die Kunden eben nicht pünktlich zahlten. Am Freitagnachmittag, wenn der Schabbat begann, war ohnehin an eine Zahlung nicht mehr zu denken. So richtete sich die Hoffnung der ganzen Familie auf den Lohn, den ich wie üblich am Samstag mitbrachte.

Nun aber traf ich unterwegs von der Arbeit den Herschel auf der Straße. Er erkundigte sich, ob ich meinen Lohn bekommen hätte, was ich bejahte. Dann begann er, sich zu beklagen, daß er ohne Geld sei, da mein Vater ihm nicht den gewohnten Vorschuß habe zahlen können, usw. Schließlich bat er mich, ihm meine 5 Złoty - soviel betrug mein Wochenlohn - zu geben. Nicht ahnend, wie sehnsüchtig meine Eltern in Legionowo auf die 5 Złoty warteten, habe ich ihm mein Geld gegeben und mich auf den Weg zum Bahnhof gemacht. Da ich etwas verspätet eintraf, kamen meine Eltern mir am Bahnhof besorgt entgegen. Ich sah zuerst meinen Vater, dann das Gesicht der Mutter, wie sie voller Sorge um sich blickte, wo ihr Sohn blieb. Dann bemerkten sie mich beide, und erleichtert liefen sie mir entgegen. Ich war so stolz, daß ich die Mutter von ihrem Kummer erleichtert sah. Nach kurzer Begrüßung gingen wir zusammen nach Hause. Als sich dann herausstellte, daß ich mein Geld dem Herschel gegeben hatte, war die Bestürzung groß, denn das bedeutete, daß die ganze Woche wieder auf Pump gelebt werden mußte.

In Legionowo habe aber ich meine erste Bekanntschaft mit dem Gesetz gemacht. Es war im Jahr 1934, ich war also 11 Jahre jung. Wir waren damals während der Ferien dort, und an einem warmen Sommertag spielten wir am Rande des Waldes. Es waren andere Kinder aus Warschau dabei, die in der Nachbarschaft ebenfalls ihre Ferien verbrachten. Mit von der Partie waren die 11- jährige Zofia und ihr Bruder, der etwa neunjährige Piotrus. Sie waren die Kinder des Hausbesitzers, von dem wir die Ferienwohnung gemietet hatten. Das Spielen machte uns irgendwie keinen Spaß mehr, und so kam ich auf die Idee, etwas ganz Verrücktes anzustellen: Wir könnten doch einen Baum fällen! Die Idee hatte gegriffen, die Kinder des Hausbesitzers holten eine Säge und eine Axt und wir begannen, den Baum zu "behandeln". Wir sägten und hackten, stießen und zogen, bis nach ein paar Stunden der Baum am Boden lag. Da haben wir ein Indianergeschrei ausgestoßen, sind im Siegestaumel um den Baum gehüpft und freuten über die vollbrachte Heldentat.

Ein paar Tage später kam die Waldbesitzerin zur Routineinspektion und sah den gefällten Baum. Sie konnte nicht begreifen, was da passiert war. Falls jemand einen Baum hätte stehlen wollen, so hätte er ihn doch nicht liegen lassen, sondern mitgenommen. Hier lag der Baum aber an der Stelle, wo er gefällt worden war. Ihr konnte nicht eingefallen, daß es ein Kinderstreich war. Sie ging zur Polizei und erstattete Anzeige. Bald darauf erschien die Polizei und begann zu recherchieren. Alle Kinder, die an dieser Tat teilgenommen hatten, wurden befragt und ihre Aussagen notiert. Mir war schon etwas flau in der Magengrube, aber es war nichts zu machen. Es ist nur einmal geschehen.

Meine Mutter versuchte, den Polizisten milde zu stimmen und entschuldigte diesen Vorfall als Kinderstreich. Aber der Polizist blieb unbeeindruckt. Ich kann mich noch genau an seine letzten Worte erinnern: "Wenn der Fall bei der Polizei angekommen ist, dann ist der Hund krepiert!" Damit wollte er ausdrücken, daß der Fall jetzt seinen Lauf nahm. Und dem war auch so.

Es vergingen einige Monate, die ganze Sache schien vergessen, aber dann, im Herbst und vor dem jüdischen Neujahrsfest, erhielten wir eine Vorladung zum Gericht in Jablonna, etwa 3 km von Legionowo entfernt. Mein Vater war sehr aufgeregt, ich verängstigt, aber es blieb uns nichts anderes übrig, als der Gerichtsvorladung Folge zu leisten. Im Gericht angekommen, warteten wir, bis der Gerichtsdiener unsere Sache zur Verhandlung aufrief. Schweigend nahmen wir Platz, etwa sechs Kinder in der Begleitung ihrer Eltern oder eines Elternteils. Uns gegenüber saß ein streng erscheinendes Gericht: Richter, Beisitzer und ein Polizist. Die Verhandlung begann mit der Verlesung des Straftatbestandes. Als der Richter dann an die Kinder Fragen stellte, begannen alle zu weinen und die Schuld auf mich zu schieben. Mir war gar nicht zum Weinen zumute, und als der Richter mich fragte, ob ich denn nicht wisse, daß man in einem fremden Wald keine Bäume fällen dürfe, habe ich ganz resolut geantwortet, daß es an dem Baum nicht angeschrieben war, daß man ihn nicht umlegen darf. Meine Antwort hat dem Richter gar nicht gefallen, er wandte sich an meinen Vater und sagte, er solle mir mit einem Lederriemen auf dem Hintern aufschreiben, daß man Bäume nicht ohne Erlaubnis fällen darf. Das ganze endete mit einer Geldstrafe, und wir fuhren nach Warschau zurück.

Zu Hause angekommen, erzählte mein Vater der Mutter und den Geschwistern ausführlich den Tagesverlauf im Gericht. Als er allen Ernstes zu der Befragung, meiner Antwort und zu dem Rat des Richters kam, begann meine Mutter zu schmunzeln, und das Schmunzeln ging in Gelächter über. Mein Vater schaute erstaunt um sich, was es da zu lachen gebe? Aber nach und nach hat sich die Heiterkeit auch auf ihn übertragen, und plötzlich lachte die ganze Familie herzhaft über meine eigene Verteidigung vor Gericht und ganz besonders über den Rat des Richters. Über diesen Vorfall wurde noch viele Jahre schallend gelacht. So war mein Vater durch mich wohl oder übel doch mit dem Gesetz in Konflikt gekommen, glücklicherweise mit glimpflichem Ausgang.

Das glücklose Viertellotterielos

Mein Vater erhoffte sich von keiner Ideologie eine Lebensverbesserung, baute eher auf seine Arbeit, was ihn aber nicht daran hinderte zu träumen. Wovon kann schon ein einfacher Schneider träumen? Da gab es regelmäßig Besuch eines Vertreters der Lotterie. Der ältere Herr kam ins Haus und überredete zum Kauf von Lotterielosen. Diese wurden in verschiedenen Einsatzwerten angeboten. Es gab ein ganzes, ein halbes und ein viertel Los. Ich kann mich nicht erinnern, daß mein Vater je ein halbes Los, geschweige ein ganzes gekauft hat. Es war stets ¼ Los, das logischerweise viermal weniger kostete als ein ganzes. Es gab viele Leute, die ein ¼ Los zu zweit oder zu dritt kauften, aber wir wollten den Gewinn doch nicht mit vielen teilen. Wenn schon, dann wollten wir auch den Viertelgewinn allein einstecken. Es ist mir entgangen, wieviel ein ¼ Los kostete.

Aber wenn auch Fortuna niemals unser Haus zum Lotteriegewinner gemacht hatte, so erweckte der Loskauf so viele Hoffnungen und Erwartungen, daß die ganze Familie lange Abende sich schon als Gewinner sah. Was waren das doch für hoffnungsvolle Stunden! Es wurden Pläne geschmiedet, was wohl gekauft werden sollte und für wen. Die Gewinnhöhe konnte sehr unterschiedlich sein. Es konnte sein, daß der Hauptgewinn von 100.000 Złoty auf unsere Nummer fallen würde, und das würde für einen ¼-Los-Besitzer 25.000 Złoty bedeuten. Ein Riesenvermögen, dessen Ausmaß man sich ohne Ehrfurcht gar nicht vorstellen konnte. Nach ein paar Abenden friedlicher Planung wußte schon jedes Kind, was es sich kaufen wollte. So würde der Vater sich zwei Anzüge machen lassen, einen hellen und einen dunklen, natürlich zweireihig. Die Mutter sollte einen Wintermantel mit Pelzkragen erhalten. Wir Kinder haben auch schon unsere Wünsche vorgetragen. Es gab auch manchmal Krach, weil der eine fürchtete, wegen der übertriebenen Ansprüche des anderen zu kurz zu kommen.

Nun näherte sich unaufhaltsam der Ziehungstag. Man ging noch das letzte Mal schlafen mit rosa Hoffnungen. Am Tag nach der Bekanntgabe der Gewinnzahlen - wie sollte es auch anders sein - kam die Enttäuschung. Unsere Nummer war nicht gezogen worden. Wieder kein Glück. Man sprach die nächsten paar Tage nicht viel, es war still. - Die Zeit verging, das Lotterieabenteuer war schon vergessen. Plötzlich erschien wieder der Losverkäufer. Das nächste Mal würden wir sicher gewinnen, überzeugte er uns. Mutter sah Vater an. Sollen wir es wieder wagen? Man wollte es auf die leichte Schulter nehmen, sich irgendwie gleichgültig geben. Aber dann - wie stets zuvor - war der Losverkäufer so überzeugend, daß man sich entschloß, wieder ein ¼ Los zu kaufen.

Die Zeremonie des Loskaufes hatte für uns an sich schon eine große Bedeutung. Das Los mußte doch von einer glücklichen Hand gekauft werden. Also schaute man sich im Zimmer um. Sollte der Vater das Los kaufen? Oder besser Mutter? Oder ein Kind, aber welches? Es waren doch vier. Na also, das jüngste sollte das Los auswählen. Oder doch das älteste? Endlich entschied man sich, das Los wurde gekauft, die Nummer wie eine Zauberformel angeschaut..., und die Träume und Pläne begannen wieder von vorn. Es geschah zwar nie, daß wir gewannen, aber der Gewinn des Einsatzpreises war schon ein Ereignis. Zumindest war dann das nächste Los gratis, und der Gewinn des Einsatzes steigerte die Hoffnung für die nächste Ziehung enorm. Ich glaube, ungeachtet des Ausbleibens eines Gewinnes, machte sich der Einsatz insofern bezahlt, als er die ganze Familie jeweils mehrere Tage im Jahr träumen ließ. Träume sind doch so schön.

Aus Vaters Leben und Familie

Mein Vater stammte aus bescheidenen Verhältnissen. Geboren wurde er (wie dem Meisterdiplom zu entnehmen war, das eingerahmt und verglast an der Wand hing) am 4. Juli 1890 in Piaski Lubelskie. Piaski war ein kleiner Ort zwischen Zamosc und Kransnystav in der Wojewodschaft Lublin. Auf Karten mit gängigem Maßstab für den Schulgebrauch war Piaski gar nicht zu finden. Nie habe ich diesen Ort besucht, und auch keines meiner Geschwister war jemals dort. Selbst mein Vater ist, solange ich zurückdenken kann, nie aus Warschau zu Besuch in sein Heimatdorf gefahren. Es war schließlich 200 km von Warschau entfernt. Einmal kam aus Piaski ein junger Mann aus der entfernteren Verwandtschaft des Vaters zu uns nach Warschau. Er wohnte bei uns und half in der Schneiderei. Ich glaube mich erinnern zu können, daß der junge Mann, den wir Kinder "Cousin" nannten, durch sein flegelhaftes Benehmen meinem Vater viel Ärger bereitete. Später einmal kam eine Nachricht aus Piaski, daß die Mutter meines Vaters verunglückt sei. Ein Lastwagen soll sie im Alter von 84 Jahren erfaßt und getötet haben.

Als mein Vater zur Welt kam, war das sogenannte "Kongreß-Polen"[1] bereits seit etwa 100 Jahren dem zaristischen Rußland einverleibt. Die unter dem Za-

[1] Das auf dem Wiener Kongreß von 1815 geschaffene und durch Personalunion mit Rußland verbundene konstitutionelle Königreich Polen.

ren lebende männliche Bevölkerung Polens wurde zum Wehrdienst in die russische Armee aufgeboten. Manche der Rekruten haben alle erdenklichen Gesundheitsschäden vorgetäuscht, um der Einberufung in die Armee zu entgehen. Mein Vater hat anscheinend solchen Methoden nicht getraut und ließ sich einziehen, allerdings ohne große Begeisterung. Als wir Kinder im Familienalbum stöberten, stießen wir auf ein Bild, das die einzige Erinnerung des Vaters an den Dienst in der russischen Armee war. Da stand er in voller Uniform mit Säbel und schildloser Mütze, stramm und ernst dreinblickend, an einer Gipsfigur im Fotoatelier. Diesem Bild haben wir Kinder mit einem Bleistift einen Schnurrbart zugefügt, was den Vater sehr verärgerte, und er schimpfte uns gehörig aus. Wie Vater erzählte, diente er in der Artillerie und hatte manche Schlacht im Ersten Weltkrieg mitgemacht.

Die russische Revolution im Jahre 1917 bewirkte, daß sich Vater wieder in Polen fand und sich dem Schneidergewerbe zuwandte. Irgendwie wurde er in dem im Jahre 1918 entstandenen unabhängigen Polen militärdienstpflichtig, jedoch sind keine Erinnerungen oder Erzählungen aus dieser Zeit geblieben.

Ein weiteres der vielen Fotos zeigte Vater modisch gekleidet mit steifem Hut, Spazierstock und Handschuhen sowie mit damals modernen Gamaschen (kurzer Knöchelschutz) über den Halbschuhen.

Wohnverhältnisse in Warschau

Wir wohnten mitten im jüdischen Viertel von Warschau in der Nalewki-Straße 34 (siehe Seite 7), zuerst über viele Jahre im zweiten Stock, wo wir eine 4-Zimmer-Wohnung bewohnten. Die Zimmer waren so angelegt, daß man nur von einem ins nächste gelangen konnte und nicht etwa von einem Flur her. Gleich nach der Eingangstür war rechts die Küche und links die Toilette mit einem Wassertrog im Eingangsbereich.

Ein Badezimmer hatten wir nicht. Zum Waschen wurde Wasser in einem großen Kessel auf dem Kohleofen heiß gemacht und in der Küche in eine große Wanne geschüttet, die auf dem Boden stand. Darin haben sich dann "unter Ausschluß der Öffentlichkeit" alle waschen können, wozu nacheinander immer wieder Wasser heiß gemacht wurde, damit weitere Familienmitglieder das wunderbare Bad genießen konnten. Heutzutage ist der Besitz eines Badezimmers so selbstverständlich wie im Frühling das Zwitschern der Vögel. Zum Glück ändern sich die Zeiten manchmal auch zum Guten.

Die Küche war der wichtigste Ort der ganzen Wohnung. Dort wurde nicht nur zubereitet, gekocht und gegessen, sondern - was viel wichtiger war – die

Küche war zugleich die Schneiderwerkstatt. Da wurde genäht, gebügelt, und es wurden alle Arbeiten ausgeführt, die zum Entstehen eines Kleidungsstückes gehörten. Das Bügeleisen war etwas Lästiges, denn es wurde mit einem aufgeheizten Stück Eisen bestückt, das in das Gehäuse eingeschoben wurde. Als später ein elektrisches Bügeleisen gekauft wurde, war die Erleichterung über diesen Fortschritt groß.

Von dem Vorraum neben der Küche gelangte man in ein weiteres Zimmer, wo Vater den Stoff für Anzüge oder Mäntel zuschnitt. Ein weiteres Zimmer war für das Anprobieren der Kleidungsstücke bestimmt. Dahinter lagen die Schlafräume. Um in ein anderes Zimmer gelangen zu können, mußte man alle dazwischen liegenden durchqueren. Wenn ein Zimmer dazwischen mit Kunden belegt war, mußte man sich leise und unbemerkt auf Zehenspitzen ins nächste Zimmer schleichen.

Wie schon gesagt, konzentrierte sich unser Leben in der Küche. Jede Zubereitung einer Mahlzeit erforderte Feuermachen im dem Küchenherd. Es ist heute kaum vorstellbar, daß man früh am Morgen - um den Teekessel aufzukochen - zuerst die Asche vom vergangenen Tag und Abend herausnehmen mußte, um dann ein Stück Papier auf den Rost unter der Platte zu legen, darauf ein paar Stückchen Kleinholz, dann etwas gröberes Holz und schließlich die Kohlen. Jede Öffnung in der Herdplatte war mit einer Anzahl von ineinanderpassenden Eisenringen verschlossen. Wir nannten diese Ringe "fajerka", was sicherlich vom Feuer abgeleitet war. In dem Maße, wie die Platte heißer wurde, oder je nach Topfgröße, setzte man mehr oder weniger "fajerkas" in das Loch der Platte. Es dauerte schon einige Zeit bis das Feuer richtig brannte und das Wasser aufgekocht war.

Die Mutter als die Hauptperson

Die Hauptperson in der Küche und im Haushalt überhaupt war natürlich die Mutter Brandel. Sie kochte den Tee oder Kakao zum Frühstück, sie schnitt und strich das Brot oder die Semmeln. Auch die Einkäufe waren ihr Ressort. Nach dem Frühstück war kaum das Geschirr abgewaschen, da half Mutter unserem Vater in der Schneiderei. Früher führte sie auch noch eine Damenschneiderei in der Wohnung; nach einigen Jahren jedoch hat sie es aufgegeben und dem Vater bei seiner Arbeit geholfen.

Als meine Mutter noch die Damenschneiderei führte, bin ich als sechsjähriger Bub unters Bett gekrochen und habe von dort aus beobachtet, wie die Kundinnen sich auszogen, um das neue Kleid anzuprobieren. Mit Bewunderung

Die Mutter

habe ich festgestellt, wie wohlgeformt die Frauenkörper waren. Meine Mutter hat mich jedoch einmal auf meinem Beobachtungsposten erwischt, und als die Anprobe zu Ende war und die Kundinnen gegangen waren, hat sie mich mit dem Teppichklopfer so behandelt, daß ich nicht mehr gewagt habe, meiner Mutter bei der Anprobe zuzuschauen.

Wir waren vier Geschwister, und für die sechsköpfige Familie die Küche zumachen, den Haushalt zu versorgen und außerdem noch in der Schneiderei mitzuhelfen, war sicher alles andere als leicht. Es gab Zeiten, in denen wir ein Dienstmädchen hatten. Je nach Arbeitsintensität und Konjunkturlage holte die Mutter ein Mädchen, das jeweils einige Monate oder länger im Haushalt arbeitete. Das waren meistens Mädchen vom Dorf, die in der Stadt arbeiten wollten. Sehr lange blieben diese Haushalthilfen nicht und gingen nach einiger Zeit wieder in ihr Dorf zurück.

Die Wohnungspflege war umständlich und aufwendig. Staubsauger, Spannteppiche oder Waschmaschinen waren nicht üblich. Der Fußboden in allen Zimmern war mit Dielen versehen, sie waren rot gestrichen und mußten auf Glanz poliert werden. Von Zeit zu Zeit wurden die Böden neu gestrichen, dann roch die ganze Wohnung nach Farbe. Wenn die Farbe getrocknet war, halfen wir Kinder den Fußboden auf Glanz zu polieren, indem wir auf großen Lappen, die von alten Kleidungsstücken stammten, über den Fußboden hin und her rutschten.

Mutter stammte aus einer kleinen Ortschaft namens Kałuszyn, und diese lag im Bezirk Minsk-Mazowiecki, 40 km von Warschau. Auch im Geburtsstädtchen meiner Mutter war ich niemals. Das Reisen überhaupt war etwas sehr Unübliches, und besonders eine Entfernung von 40 km galt bereits als ausgedehnte Reise. Mit den Eltern und Geschwistern eine solche Reise zu machen, war sicher sehr teuer und deshalb undenkbar. Aber trotzdem kam aus Kałuszyn Besuch zu uns nach Warschau, und zwar immer vor Pessach, dem jüdischen Osterfest.

Es war ein Verwandter meiner Mutter, Onkel oder Cousin, das weiß ich nicht mehr so genau, nur, daß er jedem von der Familie ein Paar Schuhe brachte. Der Onkel aus Kałuszyn war Schuhmacher, und die Schuhe machte er nach Maß. Die Mutter hieß von Hause aus übrigens Prawidlo: "Prawidlo" ist ein Holzmodell, um das herum die Schuhe genäht und geklopft werden. Das Prawidlo, also der Leisten, war anscheinend für den Cousin der Anstoß gewesen, den Schuhmacherberuf zu ergreifen. Unsere Schuhe wurden immer von allen bewundert. Sie knirschten so herrlich bei jedem Schritt und wurden stets erst zum Pessachfest das erste Mal angezogen.

Sederabend, Mazzot und Pessach

Das Pessachfest im Frühjahr war auch etwas Einzigartiges, ein sehnlichst erwartetes Fest. Es war ein Stück Tradition und die Atmosphäre zu Hause besonders feierlich. Das Fest dauerte acht Tage, wovon die beiden ersten und die beiden letzten Tage besonders schön waren. Schon lange vorher hatte man Vorbereitungen getroffen. Man plante und wiegte sich in der Hoffnung, was wohl der Vater jedem Kinde zu Pessach schenken würde. Vor allem sollten es ein neuer Anzug und neue Schuhe sein. Meistens wurden diese Wünsche auch wahr. Die Anzüge, bestehend aus einer Jacke und kurzen Hosen, nähte der Vater uns selbst. Die Mutter wiederum nähte der Schwester ein neues Kleid. Außerdem wurde die Wohnung für das nahende Fest herausgeputzt. Es wurde geschrubbt und gewaschen, geputzt und poliert und selbst die Gardinen gewaschen. Dann, am letzten Tag vor dem Fest, wurde die Wohnung von jedem Brotkrümelchen gesäubert. Brot durfte nämlich während der ganzen acht Tage nicht gegessen werden. Es verkehrten sogar Spezialwagen, die Brotreste zum Verbrennen übernahmen. Die Rufe dieser Wagenbegleiter: "Chumetz zu verbrennen!" hallten den ganzen Tag durch den Hof.

Am Abend, als wir schlafen gingen, wußten wir schon, daß irgendwann in der Nacht die Mazzot – Matzen[2] -in die Wohnung gebracht würde. Wir freuten uns jedes Jahr auf diese großen, runden, dünngewalzten und knusprig gebackenen ungesalzenen Mazzot. Das schmeckte vorzüglich mit Butter oder Milch oder auch in der Suppe eingebrockt oder einfach so zum Knabbern. Im Parterre des Hauses unter unserer Wohnung war eine Bäckerei, die wochenlang vor dem Pessach-Fest mit dem Backen der Mazzot beschäftigt war.

Diese Bäckerei hatte außerhalb des Pessachfestes noch eine weitere Zusatztätigkeit, nämlich das Aufwärmen der Schabbat-Speise, die am Samstag mittag gegessen wurde. Diese vorzügliche Speise hieß "Tschulent". Wer diese noch nicht gegessen hat, kann gar nicht erahnen, was für ein kulinarischer Genuß "Tschulent" ist. Soweit ich mich erinnere, werden Kartoffel, Fleisch, Bohnen und sonstige Zutaten, vor allem der Hals einer Gans - gefüllt mit einem Mischung aus Fleisch, Eiern und Mehl - in einem großen Topf verkocht. Außerdem wird in einem Gefäß von der Form eines Blumentopfes mit einem Rosinen-Eier-Teig gefüllt, mit einem Deckel verschlossen und in der Bäckerei gebacken; das fertige Produkt hieß "Kugel". Die Tschulent-Töpfe wurden von den Frauen freitags in die Bäckerei gebracht, mit dem Namen versehen und in den Ofengeschoben. Samstags wurden die Töpfe von den jeweiligen Besitzern abgeholt und der Inhalt zu Hause feierlich serviert.

Meine Eltern hatten irgendwie nie Zeit, die Mazzot ein paar Tage vor dem Fest zu besorgen. Es wurde immer in der letzten Nacht vor dem Sederabend[3] herangeschafft, also fast im letzten Augenblick. Die Matze wurde in einem oder zwei großen Bettüberzügen aus der Bäckerei heraufgebracht und im extra dafür ausgeräumten Teil des Kleiderschrankes untergebracht.

Am Vorabend des ersten Pessachtages, also am Sederabend, war die Stimmung zu Hause am feierlichsten. Die Schneiderei wurde eingestellt, der Tisch mit einer weißen Decke bedeckt, und die Mutter begann aufzutragen, wie es

---

[2] Ungesäuerte, knusprig gebackene Brotfladen.

[3] "Seder" (hebräisch) heißt "Ordnung" und bezieht sich auf eine genau festgelegte Abfolge von Gebeten und Gesängen, Wein und Speisen am Vorabend und Beginn des Pessach-Festes, an dem der Auszug der Kinder Israels aus Ägypten vergegenwärtigt wird.

sich eben für einen Sederabend gehörte. Der Stuhl des Vaters wurde mit einem Kissen versehen, und der Vater zelebrierte dann das ganze Abendessen mit dazugehörigen Gebeten. Abgesehen von der Mazzot waren verschiedene traditionelle Speisen aufgetischt und natürlich Rotwein. Der Wein gehörte mehr zum religiösen Ritual als zur Bereicherung des Essens, wie wir es heute gewöhnt sind. Auf den Wein haben wir uns am meisten gefreut. Wein hatte eine faszinierende Wirkung. Wir tranken das ganze Jahr durch niemals Wein, das war überhaupt nicht üblich. Der Wein, der zum Pessach aufgetischt wurde, war süß, und schon ein Schluck davon war köstlich und gehört zu den Vorfreuden des Festes.

Ein großer ein Kelch wurde gefüllt und in die Mitte des Tisches gestellt, jedoch trank niemand daraus. Der Kelch war für den Propheten Elias bestimmt. Zu einer bestimmten Zeit während des Sederabends wurde die Tür symbolisch geöffnet, um den Propheten Elias einzulassen. Ein paar Mal durfte ich die Tür öffnen. Ein Gefühl der Angst überfiel mich, als ich zur Tür schritt, um den Geist des Propheten einzulassen. Er sollte aus dem für ihn vorbereiteten Kelch trinken. Nachdem ich ein paar Sekunden an der offenen Tür stand und mit Furcht in das spärlich beleuchtete Treppenhaus blickte, aus dem der Geist des Propheten auftauchen sollte, schloß ich erleichtert die Tür und kehrte an meinen Platz am Tisch zurück. Der Geist ist anscheinend nicht bei uns eingekehrt, denn der Weinkelch stand unberührt an seiner Stelle mit keinem Tropfen weniger als zuvor.

Bei der andächtigen Ruhe am Tisch, denn man sprach leiser als sonst, empfand ich eine große Geborgenheit. Die Familie an einem Tisch, die feierliche Atmosphäre, all das machte mich sehr glücklich und die Erinnerung an diese Anlässe ist immer wieder sehr bereichernd. Obwohl der Sederabend sich lange hinzog und niemand so recht ans Schlafengehen dachte, kamen schon Gedanken an die aufregenden Freuden des ersten Pessachtages auf.

Zuerst das Frühstück. Es war so anders als sonst. Kein Brot weit und breit, das gehörte sich nicht, - aber Mazzot, und zwar eingebrockt in ein Glas und mit heißer Milch übergossen, das war köstlich und nicht alltäglich! Dann die Hauptspeise, die "bubele" hieß und folgendermaßen zubereitet wurde: Ein Ei mit Milch und Mazzemehl mit etwas Salz wurden zusammengemischt und in der Pfanne gebacken. Diese "Omeletten" waren herrlich braun, wurden dann auf einem Teller mit Zucker bestreut serviert mit heißem, gezuckertem Tee. Für das genaue Rezept könnte ich mich heute nicht mehr verbürgen, ich weiß nur, daß dies herrlich schmeckte. Das wunderbare Aroma erfüllte die ganze

Wohnung, aber nicht nur sie, das Treppenhaus genauso, denn die Nachbarn haben schließlich ein ähnliches Frühstück zubereitet.

Nach dem Frühstück konnte ich schon zum nächsten Erlebnis eilen. Da versammelten sich die Kinder auf dem Hof und bestaunten gegenseitig die neuen Pessach-Sachen, Kleidung und Schuhe, die den Kindern zum Fest geschenkt wurden. Meistens war es noch recht kühl zu Pessach, jedoch niemand dachte daran, im Mantel in den Hof zu gehen. Man konnte doch die neuen Anzüge, die für die Buben aus kurzen, über die Knie reichenden Hosen bestanden, nicht unter einem Mantel verstecken! Also froren wir lieber und zitterten in der frischen Morgenluft.

Leben in Nachbarschaft und Hof

Der Hof - oder das was wir "Hof" nannten - braucht eine nähere Erläuterung, denn es war der Platz, wo man den größten Teil der Kindheit verbrachte. Dort spielten wir, dort raufte wir, fuhren Roller oder Fahrrad und nicht selten aßen wir dort ein Butterbrot, um nicht nach Hause gehen zu müssen und die aufregenden Stunden im Hof zu versäumen.

Dieser Hof war eine von vier Seiten von Wohnblocks eingerahmte Fläche. Die Frontseite in diesem Viereck war der Hauptstraße zugewandt. Durch diesen Frontblock gelangte man durch eine Unterführung von der Straße in den Hof. In der Mitte der Durchfahrt waren rechts und links Eingänge zu den Treppenhäusern, durch die man in die Wohnungen gelangte. Der Frontblock war der einzige Wohnblock im Viereck, der sowohl zur Hauptstraße wie auch zum Hof Fenster hatte. Die drei anderen Wohnblocks im Viereck hatten je zwei Eingänge zum Treppenhaus, und die Fenster aller Zimmer waren zum Hof gerichtet. Wenn man berücksichtigt, daß jeder Block des Vierecks aus vier Etagen bestand, die ca. 16 Familien beherbergten, so ergab sich rund um den Hof in allen vier Blöcken eine Bewohnerzahl von etwa 80 bis 100 Menschen mit nicht weniger Kindern verschiedenen Alters.

Im Wohnblock gegenüber dem Frontblock war die Zentralverwaltung des "Bundes" untergebracht. "Der Bund" war eine große jüdische sozialistische Arbeiterpartei, und alljährlich am 1. Mai, versammelten sich Hunderte von Mitgliedern im Hof, hörten sich die Reden verschiedener Parteifunktionäre an, um sich anschließend mit roter Fahne und Transparenten mit Programmsprüchen in den großen Mai-Umzug auf der Straße einzugliedern.

Das Haus in der Nalewki-Straße Nr. 34, wo wir wohnten, hatte im Anschluß an den ersten Hof noch einen zweiten, zu dem man durch eine Einfahrt am

Ende des ersten Hofes gelangte. Die Anordnung der Wohnblocks im zweiten Hof war ähnlich wie im ersten. Es gab auch Häuserblocks mit drei Höfen.

Bei uns aber, am Ende des zweiten Hofes, gab es etwas, von dem mir heute noch unbegreiflich ist, daß es das im Zentrum von Warschau oder zumindest im Zentrum des jüdischen Viertels von Warschau, zu dem die Nalewki-Straße gehörte, geben konnte, nämlich ein echter Kuhstall mit mehreren Kühen! Der Besitzer war ein frommer Jude, der - soweit ich mich erinnern kann - Siekerka Towje hieß. Dank des Herrn Siekerka bzw. seiner Kühen hatten wir immer frische Milch, das ganze Jahr hindurch und besonders zu Pessach, wo weit und breit nirgends Milch zu bekommen war, konnte man in der Wohnung von Herrn Siekerka die Milch beziehen, bezahlt wurde nach den Festtagen.

Dieser Kuhstall war eine Attraktion für uns. Es geschah schon ab und zu, daß eine Kuh entweder zum Schlachten oder zum Verkauf auf einen Lastwagen hinaufgezogen und abtransportiert wurde. Eine Kuh im Herzen einer Großstadt war immerhin etwas Ungewöhnliches, und die ganze Kinderschar betrachtete die Kuh mit großer Neugier. Wir liefen dem Lastwagen nach und begleiteten die Kuh bis zur Ausfahrt durch den Frontblock auf die Straße.

Doch die Kühe waren bei weitem nicht die einzigen Attraktionen auf dem Hof. Es war immer ein Hin und Her von Menschen, ein lebhafter Verkehr. In vielen der um den Hof gelegenen Wohnungen waren allerlei Werkstätten untergebracht: Schuster; Schneider, Trikottage, Wäschenäher, Krawattenmacher, Stempelhersteller, Elektriker, Kürschner und einige Lebensmittelhändler.

Während der heißen Tage im Sommer wurde es in den Wohnungen unerträglich. Überall waren die Fenster geöffnet, und den ganzen Tag summte es, ratterte es. Man hörte Maschinengeräusche und Gesprächsfetzen von allen Seiten aus vielen Fenstern. Dazu kam die Unterhaltung und das Geschrei der im Hof spielenden Kinder. Ein geschäftiges, turbulentes Leben floß den ganzen Tag. Dazwischen schallten die lauten Rufe vorbeiziehender Händler, Messerschärfer, Wahrsager und Musikkapellen, die ihre Konzerte mitten im Hof gaben. Die Musiker - meist mit Akkordeon und Mandoline – spielten bekannte oder neu aufgekommene "Schlager", alle waren sentimental. Aus vielen Fenstern schauten junge Mädchen, und die zahlreichen Dienstmädchen waren so gerührt von den Klängen, daß in Zeitungspapier eingewickelte Münzen auf die Musiker hernieder prasselten. Mit tiefer Verbeugung dankten die Musiker für die Geldabwürfe.

Die guten Jahre der Grundschule

Mit sieben Jahren gab es für mich dann eine Wende: Ich kam in die erste Klasse der allgemeinen Grundschule zum regelmäßigen Schulunterricht. Das Schuljahr begann am 1. September, und am ersten Tag führte mich meine Mutter an der Hand in die Schule, zeigte mir den Weg, machte mich auf die Gefahren aufmerksam, die auf ein Kind beim Überqueren der Straße lauerten, und mahnte mich immer wieder zum Aufpassen. Das hatte auf mich allerdings nicht viel Eindruck gemacht, denn geboren und auf gewachsen in einer Großstadt, wie es Warschau nun einmal war, habe ich mich im großstädtischen Verkehr ganz wohl und sicher gefühlt.

In der Klasse standen drei Reihen Schulbänke, so daß etwa 50 Kinder Platz hatten. Der Schulunterricht hat mir immer viel Spaß gemacht, weniger wegen des Lehrstoffes als wegen der Geselligkeit. Man mußte aufpassen, daß man nicht mit einem Mädchen in einer Bank saß, da man in dem Fall von den andern spöttisch "Braut und Bräutigam" gerufen wurde.

In der zweiten und dritten Klasse habe ich eine besondere Zuneigung zu den Fächern Geschichte und Geographie entwickelt. Mit einigen von der gleichen Zuneigung "befallenen" Mitschülern, habe ich in der Freizeit regelrechte Wettkämpfe ausgetragen. Man befragte sich gegenseitig im Fach Erdkunde über Länder, Städte, Berge, Flüsse. Wenn die Frage vom Befragten nicht beantwortet werden konnte, registrierte der Fragende einen Pluspunkt für sich. Das führte dazu, daß jeder die Weltkarte genau studierte, um mit kniffligen Fragen aufwarten zu können. Diese Wettkämpfe hatten einen großen Einfluß auf das Niveau der Erdkunde-Kenntnisse.

Als Lehrling der Chemigraphie

Jahr um Jahr verging. Die Unterrichtsklassen folgten aufeinander und die 7. Klasse, die letzte der Grundschule, rückte näher. Man hat sich in der Familie Gedanken gemacht über eine entsprechende Berufswahl. In dieser Beziehung war für meine Eltern Traum und Beispiel der Beruf eines unserer Cousins, der als lithographischer Zeichner tätig war. Sein Monatsverdienst, soweit uns bekannt, lag bei einer Höhe, die für diese Zeiten außerordentlich war, nämlich bei 600 Złoty. Das war ein Betrag, der ein Leben mit allem erdenklichen Wohlstand erlaubt hätte. Nun war es nicht leicht, eine Stelle als Zeichnerlehrling zu bekommen, ganz zu schweigen davon, ob man die notwendigen Fähigkeiten besaß.

Die Eltern beschlossen, mich zur Graphischen Schule in Warschau zu schikken. Nach Abschluß der siebten Klasse im Jahre 1937 wurde ich zur Aufnahmeprüfung angemeldet und habe mich voller Furcht zur Prüfung eingefunden, die ich dann aber sicher bestand. Prüfungsfächer waren Sprache, in diesem Fall polnisch, Rechnen und Zeichnen. Die Freude der Aussicht, in die Graphische Schule aufgenommen zu werden, wurde aber bald gedämpft als klar war, daß die monatlichen Schulkosten 25 Złoty betragen würden. Das war ein Betrag, den meine Eltern nicht aufbringen konnten, und so mußte der Traum von dieser Schule aufgegeben werden. Jedoch war damit die Idee nicht tot. Es wurde beschlossen, daß ich in diesem Fall direkt in einen Reproduktionsbetrieb in die Berufslehre eintreten würde.

Nun begann man Ausschau zu halten nach einem Betrieb. Es war nicht einfach, eine Lehrstelle zu finden. Da stellte sich heraus, daß ein Mitarbeiter meines Vaters, der in seinem Auftrag Hosen nähte, in seinem Bekanntenkreis einen Klischeeanstaltsbesitzer hatte. Man überredete also unseren Hosenmacher, den Besitzer der Anstalt, Herrn Taub, zu überzeugen, mich als Lehrling der "Kunstzynkographie" aufzunehmen. Der Hosenmacher verlangte von meinem Vater für seine Bemühungen einen nicht geringen Betrag. In der Tat wurde ich von Herrn Taub nach einer Vorstellung als Lehrling aufgenommen Nach Abschluß der 7. Klasse der Grundschule habe ich also im Juni 1937 meine Berufslaufbahn als Lehrling der Photochemiegraphie begonnen. Diesem Beruf bin ich, wenn auch in verändertem technischen Umfeld, ein Leben lang treu geblieben.

"Cynkografia Artystyczna", wie der Betrieb im polnischen Wortlaut hieß, stellte Klischees für den Druck von Buch-Illustrationen, Katalogen, Zeitungen in Schwarzweiß und Farbe her. Es gab drei Abteilungen in der Anstalt: Photographie, Zinkkopie und Zinkklischeeätzen. Obwohl ich der Photographie zugeteilt wurde, habe ich auch in der Ätzerei manchmal helfen müssen. Diese Arbeit war nicht gerade ein sauberes Handwerk. Es wurde mit Chemikalien, Farbe und Ätzsäuren gearbeitet, und entsprechend schmutzig und nach allen möglichen chemischen Substanzen riechend kam ich abends nach Hause. Mein Zustand hat bei meiner Mutter Entsetzen hervorgerufen, und eines Abends, als sie mich nach Hause kommen sah - verschmutzt, abgekämpft, nach Farbe, Petroleum und Nitratsäure stinkend -, hat sie mir befohlen, Schluß zu machen und nicht mehr dorthin zu gehen.

Ich habe mir das angehört, den Schmutz abgewaschen, gegessen und mich ausgeruht. Ich wollte meiner Mutter beweisen, daß es nicht so schlimm ist. Am nächsten Morgen habe ich mich angekleidet und bin zur Arbeit aus der

Wohnung geschlichen. Ich wußte doch allzu gut, wie schwierig es war, eine Lehrstelle zu bekommen. Meine Schulkollegen hatten sehr große Mühe, etwas zu finden und waren meist ohne Lehrstelle. Ich habe den festen Willen gehabt, nicht aufzugeben und weiterzumachen. Vielleicht war meine Mutter im Stillen froh, daß ich ihr nicht gefolgt hatte. Was hätte sie mir auch anderes bieten können an Lehrstelle?

Mir hat die Arbeit sogar gut gefallen. Die Photographie damals beruhte darauf, daß man selbst die lichtempfindliche Schicht herstellte. Diese wurde dann auf eine sehr sauber geputzte Spiegelglasplatte sorgfältig aufgegossen, nach einigen Sekunden Trocknung in ein Silbernitratbad in einer Kuvette eingetaucht und nach ca. zwei Minuten die milchig aussehende Platte in die Kassette gesteckt, natürlich bei rotem Licht, und dann in die große, auf langen Schienen aufgebaute Kamera eingestellt Mit zwei Paar Kohlenbogenlampen wurde ein Original im Originalhalter durch das Objektiv auf die Jod-Silberplatte belichtet und dann in der Dunkelkammer entwickelt. Fixiert wurde mit einer Lösung aus weißem Zyankali.

Danach wurde das Bild auf der Platte mit chemischen Lösungen verstärkt, bearbeitet, d.h. die Punktgröße abgeätzt und danach mit einem Schwefelbad eingeschwärzt. Die Handhabung führte dazu, daß die Finger permanent schwarz, gelb, braun und grün waren. Abwaschen konnte man all diese Färbungen mit einer Kugel aus Zyankali. Dabei mußte man sehr vorsichtig vorgehen, denn die Finger hatte man wegen des Umgangs mit Glas manchmal verletzt. Das Zyankali hat in den Wunden sehr gebrannt, und gefährlich war es obendrein auch noch, weil Zyankali als äußerst starkes Giftmittel bekannt ist.

In der Chemigraphie arbeiteten Lehrlinge und qualifizierte Fachleute. So war Herr Rybinski Chef-Fotograf, Krajewski und Koziol waren Klischee-Ätzer und Herr Stachowski war Klischee-Facettierer, der die fertigen Klischees auf Holblöcke von strengnormierter Stärke nagelte. Alle diese "Meister" - wir Lehrlinge sie nannten – kamen stets elegant gekleidet zur Arbeit. Der Beruf eines "Photochemigraphen" galt als "aristokratisch", und sie verdienten auch einen sehr respektablen Lohn. Zu meinen Pflichten als Lehrling gehörten auch Botengänge. So habe ich einerseits den Meistern zur Mittagszeit Einkäufe besorgt, wobei das meiste jeden Tag gleich war: Zwei Semmeln, 100 g Schinken oder "schwäbische Wurst mit Zunge" und 10 Zigaretten Marke "Plaskie" ("Flache"). Andererseits habe ich auch fertige Klischees zu verschiedenen Druckereien und Verlagen bringen müssen. Für weit entferntere Ziele bekam ich Geld für die Straßenbahn. Manchmal habe ich das Fahrgeld eingesteckt und die Strecke im Eilmarsch zu fuß zurückgelegt. Zum Verlag "Iskry" am

Narutowicza-Platz mußte ich die Straßenbahn nehmen, denn das war zu weit, so daß ich selbst im Eilmarsch sechs Stunden gebraucht hätte, ganz abgesehen vom hohen Sohlenverschleiß.

Manchmal mußte ich für meine Chefin, Frau Taub, Kommissionen machen. Da ich sehr ehrlich war und das Rückgeld restlos zurückgab, hat sie mich gegenüber allen anderen Lehrlingen bevorzugt und mit Einkaufsaufträgen betraut, was mich ganz und gar nicht begeistern konnte. Einmal traf ich während eines Botenganges meine Mutter, und ich habe ihr trocken berichtet, was ich gerade machte, um dann in verschiedene Richtungen auseinanderzugehen. Viele Jahre später habe ich mich nach dem Krieg an diese Begegnung mit meiner Mutter erinnert und zutiefst bedauert, daß ich sie nicht zu einem Tee eingeladen und mit ihr nicht ein bißchen geplaudert habe. Ich war damals 15 und anscheinend noch zu jung, um mir vorstellen zu können, wie viel Freude es ihr bereitet hätte, von ihrem geliebten Söhnchen zu einem Tee oder Kaffee eingeladen zu werden. Aber diese Einsicht kam zu spät, die Mutter war nicht mehr da. Versäumtes läßt sich nicht nachholen.

Während meiner Botengänge kam ich einmal in ein Gebäude, wo ich als Kind mit meinen Eltern zu Besuch bei Bekannten war, und da kam die Erinnerung an meine schöne, unbeschwerte Kindheit, und mir kamen die Tränen.
Noch weiter zurück liegt eine Begegnung mit meiner Mutter. Ich war damals acht Jahre, und wir fuhren auf einem Schulausflug mit dem Schiff von Warschau auf der Weichsel nach Mlociny. An der Anlegestelle in Warschau zurück warteten die Mütter auf die Ankunft ihrer Sprößlinge. Als meine Mutter mich sah und mich an die Hand nehmen wollte, habe ich ihre Hand zurückgestoßen: Das sei doch eine Schande, in Anwesenheit der anderen Schüler von der Mutter an der Hand genommen zu werden! Ich ging mit den anderen Kindern, und meine Mutter folgte in unproblematischer Entfernung.

Zusätzlich zur Berufslehre habe ich täglich die Abendberufsschule besucht, wo allgemeine Weiterbildungsfächer und Fachtheorie gelehrt wurden. Der Stundenplan der Schule unglücklicherweise so ungünstig aufgestellt, daß ich nach Arbeitsschluß im Trab nach Hause rannte, um mich zu waschen, im Stehen etwas zu essen und mit einem Bissen im Mund zur Straßenbahn flitzte, um die ziemlich entfernt gelegene Schule im Stadtteil Mokotów zu erreichen.

In der Schule hatten wir theoretischen Unterricht über unseren Beruf. Da es eine Menge Jungen und Mädchen in der Klasse gab, gab es neben der Theorie auch angenehme Unterhaltungen, es war sehr lustig. Ich kann mich an eine besonders hübsche Kollegin erinnern, die von allen bewundert und begehrt war, sie hieß Maria Siudakowna. Mitten in einem Pausengespräch hatte mir ein Kollege frecherweise das Mädchen weggeschnappt und im Klassenzimmer mit ihr einen Tango aufs Parkett gelegt. Diese Junge, Henryk Getke, war übrigens der einzige aus der ganzen Schulklasse, den ich nach dem Krieg in Warschau vorgefunden habe und mit dem mich dann eine herzliche Freundschaft verband. Zusammen mit meiner Frau habe ich später auch seine Familie in Warschau besucht. Fräulein Siudakowna war übrigens nicht seine Frau geworden.

Es ist mir auch in Erinnerung geblieben, was einer unserer Lehrer uns beigebracht hat. Er meinte, wir sollten fleißig lernen, im beruflichen wie im organisatorischen Bereich, weil: "Wenn Rußland zusammenbricht, fahren wir hin und gründen graphische Betriebe und Druckereien!" Dieser Gedanke, im Jahre 1938 ausgesprochen, war für uns damals völlig abstrakt, scheint aber aus heutiger Sicht gar nicht so abwegig.

Die Berufslehre zog sich über die Jahre 1937, 1938 und bis in das schicksalsträchtige Jahr 1939.

Der Kriegsbeginn in Warschau[4]

Die politische Lage wurde zusehends komplizierter und gefährlicher. Die Nachrichten aus den Zeitungen wurden immer bedrohlicher. Das wilde Geschrei Hitlers, das aus dem Radio kam, verhieß nichts Gutes. Plötzlich wurde die Mobilmachung angeordnet, Militärtransporte fuhren durch die Straßen. Vorsorglich kaufte man Lebensmittel als kleinere oder größere Reserven. Eine Kriegsstimmung machte sich breit. Bis anhin hatte ich von Kriegen aus der Ferne gehört: Abessinien (Äthiopien), Spanien, China. Bis jetzt war der Krieg weit weg, und man konnte sich schwer vorstellen, was ein Krieg im praktischen Alltag bedeutete, aber nun war er da mit seinem ganzen Grauen. Es wurde unheimlich.

Als am 1. September 1939 die ersten Bomben aus deutschen "Stukas" auf Warschau fielen, die erste Detonation zu hören war, Brände, einstürzende Häuser, da bekam ich Angst vor dem Krieg. Das Leben veränderte sich schlagartig. Die Straßen mit den vielen Menschen und dem geschäftigen Leben leerten sich. Die Geschäfte, sonst voller Waren, Lebensmitteln, Backwaren, Obst und all den Gütern des täglichen Lebens, wurden geschlossen. Die Waren verschwanden, vor Bäckereien bildeten sich Schlangen. Die Menschen in der

[4] Erhard Roy Wiehn, Totengebet – 60 Jahre Beginn des Zweiten Weltkriegs und der Schoáh in Polen. Konstanz 1999.

Schlange flüchteten, wenn die Sirenen den Fliegeralarm verkündeten und die Bomben fielen. Eine tiefe Traurigkeit befiel mich. Mein Berufsleben hat mit Kriegsbeginn ein Ende genommen die Abendschule wurde geschlossen. Der Krieg bestimmte nun den Alltag. Die Lage wurde von Tag zu Tag schlimmer. Zu den Bombardements aus der Luft sind noch Artilleriesalven auf die Stadt niedergegangen, da die Deutschen bereits eine Woche nach Kriegsbeginn bis zum Stadtrand vorgedrungen waren.

Ganze Häuserreihen entlang der Straße standen in Flammen. Gegenüber von unserem Haus Nr. 34 schlug eine Bombe in das Haus Nr. 39 ein. Als die Flieger weg waren, lief ein Mann in unser Haus und rief verzweifelt um Hilfe. Seine ganze Familie war unter den Trümmern begraben. Der Mann lief wie irre umher, seine Kleider waren zerrissen, die ganze Gestalt mit Staub bedeckt. Ohne zu zögern lief ich mit einigen Nachbarn hinüber zur Nr. 39. Als wir durch das Tor in den Hof kamen, sahen wir links, wo ein 4stöckiger Wohnblock gestanden hatte, nur noch eine mehrere Meter hohe rauchende Schutthalde. Ich lief auf die Halde hinauf und begann zusammen mit den anderen Leuten mit bloßen Händen einen Ziegelstein nach dem andern wegzuräumen. Nach einer halben Stunde dieser mühsamen Arbeit wurde uns die Hoffnungslosigkeit klar. Da, wo schwere Bagger einige Tage brauchen würden, war mit bloßen Händen nichts auszurichten. Die Hoffnung, zu den Verschütteten vorzudringen schwand völlig, als es dunkel wurde und der Schuttberg nicht kleiner geworden war. Der Mann, der seine ganze Familie unter den Trümmern verloren hatte, saß fassungslos da und schluchzte vor sich hin.

Der Ablauf eines Kriegstages in den ersten Septembertagen 1939 war durch Luftangriffe und Artilleriebeschuß bestimmt. Die Straßen waren leer. Die Einschläge richteten enorme Verwüstungen an, die Straßen waren von Schutt übersät, Strom- und Wasserleitungen waren unterbrochen, aus geborstenen Leitungen floß Wasser und bildete große Lachen.

Die Versorgung mit Lebensmitteln existierte nicht mehr. Man zehrte von den Notvorräten. Eines Tages sah ich ein Pferd, das tot auf der Straße lag, von einem Splitter getroffen. Einige Stunden später begannen Leute Fleischstücke aus dem Pferd herauszuschneiden. Ich schaute mit Entsetzen zu und konnte mich nicht überwinden, aus dieser blutigen Fleischmasse etwas zu nehmen.

Die Verpflegung war sehr bescheiden. Die Mutter versuchte, aus den Vorräten etwas Nahrhaftes für die Familie zu kochen. Meistens war es Kartoffelsuppe mit Brot und das dreimal am Tag. In der Wohnung konnte man nicht mehr ungestört bleiben. Die mehrmaligen Luftangriffe der deutschen Luftwaffe zwangen uns wiederholt, den Luftschutzkeller aufzusuchen. Oft überraschten uns Luftangriffe während des Essens oder des Waschens, dann mußte man das armselige Essen, das trotzdem sehr begehrt war, stehen lassen und schnellstens in den Keller flüchten.

Als die deutsche Wehrmacht sich von Norden, Westen und Süden der Stadt näherte, ergoß sich eine Welle von Flüchtlingen nach Osten, um sich vor den anrückenden Deutschen in Sicherheit zu bringen. Diese Flüchtlingskolonnen, die aus Zivilisten bestanden, wurden von deutschen Fliegern im Tiefflug angegriffen, und es wurden viele getötet. Bald aber war die Stadt eingeschlossen, und lange Tage der Belagerung begannen. Die Artillerie beschoß die Stadt pausenlos und erbarmungslos.

Eines Tages bekam ein Luftschutzkeller im zweiten Hof unserer Hausnummer einen Volltreffer. Als nach dem Beschuß eine Pause eintrat, sah ich ein Bild gesehen, das mein Blut erstarren ließ: Man trug aus dem Schutzkeller die aufgedunsenen Leichen von Erwachsenen und Kindern auf den Hof, wo man sie in Reihen niederlegte. Nach ein paar Stunden kam ein Pferdegespann, die Leichen wurden auf den Wagen geladen und abtransportiert. Die Zuschauer dieser grausamen Bilder standen fassungslos und schluchzten. Da stieg ein unbändiger Haß auf diese Unmenschen in mir auf, die solche Verbrechen an völlig unschuldigen Menschen begingen.

Gegen Ende September 1939 waren Wasser, Strom und Gas nicht mehr vorhanden. Die Leitungen waren völlig zusammengeschossen. Ganze Häuserreihen standen in Flammen. Löschen konnte man nicht, denn es gab ja kein Wasser. Und die Stadt lag weiterhin unter Beschuß.

Eines Abends, als das Feuer auf unser Haus überzugreifen drohte, marschierte unsere ganze Familie zu Verwandten in eine andere Straße, die uns weniger gefährdet schien. Ein gespenstisches Bild hat sich vor uns ausgebreitet, vorbei an brennenden Häusern. Die Flammen schossen hoch, von allen Fenstern kletterten die Feuerzungen nach oben. Die Hitze war unerträglich. - Natürlich war kein Bett frei, aber ich war so erschöpft, daß ich mich auf den blanken Boden legte und trotz Beschuß sofort einschlief. Am nächsten Tag kehrten wir wieder in unsere Wohnung zurück.

Am 27. September 1939 hat der Verteidigungsrat der Stadt wegen Mangel an Munition, Lebensmitteln, Medikamenten und sonstigem Lebensnotwendigen den Kampf eingestellt und sich ergeben. Die deutschen Soldaten rückten nach ein paar Tagen in die Stadt ein. Wir gingen einer Ungewissen, nichts Gutes verheißenden Zukunft entgegen.

Leiden unter deutscher Besatzung

Das Leben in der besetzten Stadt war hoffnungslos trostlos. Es gab keine Versorgung mit Lebensmitteln. Die Geschäfte waren geschlossen und zugenagelt. Durch die Straßen patrouillierten deutsche Soldaten. Sie blickten stolz, herrisch, hochmütig und flößten uns Angst ein. Es entwickelte sich ein Straßenhandel mit verschiedenen Artikeln des täglichen Lebens. Unsere Verpflegung bestand dreimal täglich aus einer Kartoffel- oder Reissuppe mit braungebranntem Mehl angerichtet und einem Stück Brot dazu. Die kleinen Vorräte, die man in den letzten Tagen vor Kriegsausbruch angelegt hatte, schmolzen langsam dahin.

Eines Tages gingen wir mit vielen anderen zum Hafen an der Weichsel, wo Barkassen mit verschiedenen Waren lagen. Niemand war da, der sich als Besitzer ausweisen konnte, und so nahmen die Menschen alles, was sich forttragen lies. Ich gelangte in eine Barkasse, die Reis geladen hatte. Ich nahm soviel in den mitgebrachten Sack hineinging - immerhin ca. 5 kg - und trug meine Beute stolz nach Hause.

Ein anderes Mal stieß ich auf Teller und allerlei Geschirr. Die Leute haben sich gedrängt, jeder wollte etwas nehmen, und man zerschlug dabei im Gedränge eine Menge Geschirr. Ich fand keinen besonderen Gefallen an Geschirr, mich interessierte eher etwas Eßbares. Das Betreten der Barkassen war übrigens lebensgefährlich. Über ein schmales Brett ging der Weg vom Ufer zur Barkasse, und bei dem Gedränge konnte man leicht ins Wasser fallen, was in voller Kleidung im kalten Wetter bestimmt kein Vergnügen war. Nach ein paar Tagen waren die Barkassen leergeplündert. Diese wären sowieso von den Besatzern beschlagnahmt worden, und daher hat sich niemand Gedanken gemacht über die Entwendung dieses herrenlosen Gutes.

Dann habe ich mit der Mutter und meinem Bruder einen "Ausflug" ins Brennstofflager am Bahnhof "Gdański" gemacht, und während einiger Tage trugen wir Holz nach Hause. Der Weg war weit und das Holz schwer, so konnten wir nicht viel mitnehmen. Man lebte für den heutigen Tag. Pläne konnte man keine machen. Eine ungewisse Zukunft lag über uns allen. Nach allen was sich rundherum tat, war die Ungewißheit zu einem Alptraum gewachsen. Die Stimmung war sehr traurig.

Bei jedem Essen, wenn wir alle am Tisch versammelt waren, diskutierten wir die Neuigkeiten, die man aus Gesprächen mit Bekannten von der Straße nach Hause brachte. Am meisten Gehör fanden Nachrichten aus der Welt. Die Hoffnung richtete sich nach Westen auf die Franzosen und Engländer, von denen man einen Einsatz erhoffte, aber noch mehr nach Osten. Man wußte, daß die Sowjetarmee tief in Polen einmarschiert war, und es gingen Gerüchte um, diese sei nicht weit von Warschau. Man wollte es glauben, man hat es herbeigesehnt. Niemand wußte, wie diese Armee aussah, aber jede Armee der Welt war in unseren Begriffen besser als die deutsche, von der man nichts Gutes erwarten konnte.

Die deutschen Soldaten benahmen sich wie überhebliche Besetzer, marschierten gruppenweise durch die Straßen, hielten Menschen an, beschimpften und schlugen sie. Eines Tages beobachtete ich, wie deutsche Soldaten mit mehreren Lastwagen anrückten und begannen, die Geschäfte zu plündern. Anscheinend hatten sie es auf die Textilgeschäfte abgesehen. Es wurde tagelang Stoffe aus den Geschäftslagern herausgetragen und auf die Lastwagen geladen. Die Besitzer der Geschäfte mußten die Lager selbst aufschließen.

Machtlos, stumm und wehrlos schaute ich aus einiger Entfernung zu, denn die Straße war abgeriegelt, und niemand durfte passieren, während der Raub vor sich ging. Hoffnungslosigkeit machte sich breit unter der Bevölkerung. Es begann sich eine Bewegung nach Osten abzuzeichnen. Man hatte die Hoffnung verloren, daß die Russen die Deutschen vertreiben würden, und die Menschen gingen dazu über, mit einem Rucksack Richtung russischer Demarkationslinie zu ziehen.

Vom Westen konnte man keinen Entsatz erwarten. Frankreich und England hatten am 3. September 1939 Deutschland den Krieg erklärt, aber nichts unternommen, um Polen zu Hilfe zu kommen. Diesen verhängnisvollen Fehler hat Frankreich neun Monate später mit der totalen Niederlage seiner Armee bezahlt. Und das besetzte Frankreich bot den Briten auf unabsehbare Zeit keine Möglichkeit, Militär anzulanden. Es dauerte fast fünf Jahre, bis die Amerikaner mit gigantischem Materialaufwand und erheblichen Verlusten und in Zusammenarbeit mit der Sowjetunion Deutschland besiegen konnten. Inzwischen hatte sich jedoch in Europa eine beispiellose Mordorgie abgespielt.

Mein älterer Bruder faßte den Entschluß, ins russisch besetzte Polen zu gehen. Die Eltern und wir Geschwister waren traurig, den Sohn und Bruder in eine fremde Gegend gehen zu lassen, wo keine Verwandten waren und sich massenweise Flüchtlinge bewegten. Es wagte jedoch niemand, ihn von seinem Vorhaben abzubringen, weil alle wußten, daß die Bevölkerung hier früher oder später der Tod erwartete. So ging mein Bruder am 18. Oktober 1939 von zu Hause fort und mit einem kleinen Bündel persönlicher Dinge und dürftiger Verpflegung Richtung Osten. Wie wir später erfuhren, ist er mit einem Pferdewagen bis an den Grenzfluß Bug gekommen und in der Verzweiflung ohne Ausweg zum anderen Ufer geschwommen, wo er durchfroren mit nichts als seinen nassen Kleidern am Leibe an einem Bauernhaus anklopfte.

Mein Bruder landete im ukrainischen Donezbecken, arbeitete eine Zeitlang in einer Kohlengrube und konnte dann seine Musik-Ausbildung fortsetzen und wurde später Geiger in einem Orchester. Im Jahre 1941 wurde er in die Rote Armee eingezogen und nach zwei Wochen als "unzuverlässig" wieder entlassen, weil er aus Polen stammte. Kurz nach dem Überfalls Deutschlands auf die Sowjetunion wurde er wieder eingezogen und kämpfte vier Jahre lang gegen die deutsche Wehrmacht, wurde mehrmals verwundet und beendete seinen Kriegsdienst im April 1945. Nach seiner Rückkehr nach Polen arbeitete er im polnischen Sinfonieorchester und wanderte 1957 nach Israel aus.

Bald machten sich Gerüchte breit, man würde das nördliche Viertel der Stadt zu einem Ghetto für die jüdische Bevölkerung verwandeln, um die Bewegungsfreiheit einzuschränken. Zudem war schon eine Anordnung der deutschen Besatzung erlassen, daß die Juden auf der Kleidung an Rücken und Brust einen sogenannten "Davidstern" zu tragen hatten. Diese Demütigung war unerträglich.

In der Familie wurde uns klar, daß nun das Motto galt: "Rette sich wer kann!" So wurde beschlossen, daß meine Schwester Bracha (Bronia genannt) und ich dem Beispiel des älteren Bruders Mosche (Michal genannt) folgen und nach Ostpolen gehen sollten.

Von Warschau Flucht nach Osten

Am 2. Dezember 1939 war es soweit. Morgens, als es noch dunkel war, haben meine Schwester und ich und ein Nachbar, Herr Engel, ein Fuhrwerk bestiegen und sind zum Ostbahnhof am rechten Weichselufer gefahren. Unser Nachbar sollte uns das ganze Unternehmen erleichtern, da er an der Grenze mit einem ortsansässigen Bauern abgemacht hatte, daß dieser uns über die Grenze bringen würde.

Unsere Mutter hat uns begleitet. Der Abschied von zu Hause war fast wortlos, die Stimmung gedrückt. Man hat geahnt, daß es möglicherweise kein Wiedersehen geben würde. Zurück blieben der jüngste Bruder (12 Jahre) und der Vater. Wie die Mutter den Weg vom Ostbahnhof nach Hause zurückgelegt hat, weiß ich nicht.

Am Ostbahnhof bestiegen wir den Zug und warteten auf die Abfahrt. Es waren sehr viele Menschen unterwegs. Manche fuhren aus Warschau aufs Land, um etwas Eßbares zu ergattern. Viele waren - wie wir - Flüchtlinge, die aus dem deutschbesetzten Polen entkommen wollten.

Am Bahnsteig gingen deutsche Soldaten auf und ab. Plötzlich ertönte lautes Geschrei eines Patrouillesoldaten: "Alle Juden aus dem Zug raus!" Meine Schwester und ich saßen wie versteinert. Aus dem Fenster sah ich meine Mutter: Tief besorgt stand sie am Bahnsteig und wartete, ob wir abreisen würden. Dann kam der Moment, als der Zug anfuhr.

Langsam ließen wir den bevölkerten Perron zurück. Ich sah noch meine Mutter, die eine Weile in Fahrtrichtung mitgegangen war. Winken konnte man nicht, man wollte weder im Wagenabteil noch den deutschen Wachen auffallen. So sah ich meine Mutter langsam zurückbleiben. Es war das letzte Mal, daß ich sie gesehen habe.

Fahrtziel war die Grenzstation zwischen dem deutsch- und dem russischbesetzten Polen. Małkinia hieß dieser Ort, ca. 90 km nordöstlich von Warschau.[5] Małkinia liegt übrigens ein paar Kilometer von dem damals noch nicht bekannten Ort Treblinka. In Treblinka hatte Himmler für die Juden die Hölle auf Erden eingerichtet: In Treblinka wurden ca. 900.000 Menschen vergast. Vor dem Verbrennen der Leichen wurden die Goldzähne gezogen und das Gold der Reichsbank zugeführt.

Die Entfernung von 9o km, die heute klein erscheint, war für unsere Begriffe eine sehr lange Strecke. Bis dahin war unsere längste Bahnfahrt von Warschau zu unserem Ferienort Legionowo, ca. 18 km. In Małkinia angekommen haben wir unsere erste Erfahrung mit der Grausamkeit der Besatzer gemacht.

Am Bahnsteig, kaum war der Zug zum Stehen gekommen, stürzten sich deutsche Soldaten mit Knüppeln auf die Reisenden. Sie waren begleitet von einer Meute ortsansässiger Jungen und Männer, die den deutschen Soldaten hilfsbereit zeigten, wer Jude war. So trieben die Soldaten unter lautem Geschrei und Hieben die eingeschüchterten und ängstlichen Juden in eine Absperrung. Die Männer wurden abgesondert, die Frauen weggejagt. Meine Schwester habe ich dabei aus den Augen verloren.

Die Männer wurde in Gruppen eingeteilt und zu Bauarbeiten weggeführt. Ich habe an einem Haus mithelfen und lange Balken zum Bau eines Dachstuhls auf einer Leiter nach oben tragen müssen. Die Arbeit war ungewohnt schwer, aber mich plagte vor allem die Sorge um meine Schwester. Wo würde ich sie in diesem Menschengewimmel unter solch wilden Umständen wiederfinden?

---

[5] Erhard Roy Wiehn, Ghetto Warschau – Aufstand und Vernichtung 1943 fünfzig Jahre danach zum Gedenken. Konstanz 1993, S. 115.

Die Bauarbeiten dauerten einen halben Tag. Es wurde bereits dunkel, als wir vom Arbeitseinsatz entlassen wurden. Dann habe ich versucht, mich zu dem Bauern durchzuschlagen, der uns über die Grenze bringen sollte. Die Adresse hatte ich mir eingeprägt, und so begann die Suche nach dem Haus.

Nach einer halben Stunde erblickte ich meine Schwester, die mir aus dem Bauernhaus ein Stück entgegenkam, und erleichtert und glücklich betraten wir die Bauernstube. Herr Engel, unser Nachbar, war auch schon da. Wir haben etwas zu essen bekommen und legten uns schlafen. Ich schlief in Kleidern und Schuhen, um auf jeden unvorhergesehenen Vorfall vorbereitet und sofort marschbereit zu sein.

Morgens standen wir sehr früh auf, als es in dieser Jahreszeit noch dunkel war. Waschen und Zähneputzen waren nicht vorgesehen. Zum Glück brauchte ich mich noch nicht zu rasieren. Wir bekamen eine Tasse Tee und ein Stück Brot, haben uns dann in aller Stille aus dem Haus geschlichen und sind in Begleitung des Bauern zur Grenze aufgebrochen.

Im sowjetisch-besetzten Ostpolen

Wir marschierten schweigend durch Wald und Feld, hie und da sah man Gestalten, die auch zur Grenze unterwegs waren. Nach etwa zwei Stunden kamen wir in die Ortschaft Czyzewo. Das war schon auf der russischen Seite der Grenze. Da es immer noch Nacht war, hat uns der Begleiter in eine Scheune geführt, wo wir uns auf dem Stroh ausruhten. An Schlafen war nicht zu denken.

Als es hell wurde brachen wir zur nächsten Bahnstation auf, wo wir den Zug nach Białystok[6] bestiegen. Schon auf dem Weg zur Bahnstation sahen wir mehrere Gruppen von Leuten, die auch auf der Flucht waren.

In Czyzewo sahen wir zum ersten Mal sowjetische Soldaten. Sie waren sehr bescheiden gekleidet und eher ungepflegt. Die Militärmäntel waren unten nicht eingesäumt, und es hingen Fransen herab. Es war der 4. Dezember 1939, der Vortag des "Tages der Stalinschen Konstitution",[7] weshalb viele Soldaten damit beschäftigt waren, auf dem Marktplatz Lautsprecher zu montieren und an Mauern Bilder von Politbüromitgliedern zu befestigen, allen voran das Bild Josef Stalins. Die sowjetischen Soldaten wirkten beruhigend auf uns. Von Ver-

---

[6] Nordostpolen

[7] Die "Stalinsche Konstitution" (Verfassung) ging von autonomen Republiken und autonomen Gebieten als Träger der Föderation aus.

folgung und Prügel keine Spur. Ein Gefühl von Sicherheit kam auf. Man glaubte, dem Schlimmsten entronnen zu sein, obwohl das Ungewisse vor uns lag. Wo sollten wir hin? Wo würden wir die nächste Nacht verbringen? Wie würde es weitergehen?

Der Zug kam irgendwann nachmittags in Białystok an. Wir hatten eine Adresse von Bekannten in der Stadt, wo wir uns zuerst hinbegaben. Dort konnten wir jedoch nicht länger als eine Nacht bleiben, und so fuhren wir weiter nach Brest. Überall gab es massenhaft Flüchtlinge. Bahnhöfe, Züge, Restaurants waren hoffnungslos überfüllt.

In Brest angekommen, haben wir einen entfernten Verwandten besucht, bei dem wir auch zu Essen bekamen. Danach legte ich mich ins Bett und schlief nach so vielen Strapazen und der langen Eisenbahnfahrt sofort ein. Als ich erwachte, war es hell und warm in der Stube, und es duftete nach Graupensuppe.

Leider war es nicht möglich, lange dort zu verweilen. Es war auf Dauer kein Platz für uns, und so haben wir uns wieder auf den Weg gemacht, weiter nach Wołkowysk.[8] Dort hatten wir als Anhaltspunkt die Adresse einer Bekannten. All diese Bekannten, fernen Verwandten und sonstige Anschriften waren nichts mehr als eine moralische Zuversicht, daß man nicht völlig ins Ungewisse fuhr, daß irgendwo irgend jemand war, bei dem man anklopfen konnte. Nach mehrstündiger Fahrt in Wołkowysk angekommen, haben wir bei Bekannten einen Tee trinken können und Informationen erhalten, wie man sich einrichten sollte.

Es gab in Wołkowysk ein sogenanntes Flüchtlingskomitee, bei dem sich alle Flüchtlinge meldeten. Dort wurde versucht, die ankommenden Menschen bei verschiedenen ortsansässigen Familien unterzubringen. Es war anscheinend schwierig, die Schwester und mich zusammen unterzubringen und so landete sie bei einer Familie Lamm und ich bei einem älteren Ehepaar namens Novak. Tagsüber traf man sich im Komitee, wo immer viele Leute zusammen kamen und man sich unterhalten, Erfahrungen austauschen und wehmütig die Erinnerungen an zurückgelassene Familienangehörige wachhalten konnte.

In dem Maße, wie die Zeit verstrich, hat sich meine Sehnsucht nach den Eltern und dem jüngsten Bruder verstärkt, die in Warschau geblieben waren. Inzwischen mußte man etwas tun, irgendeine Beschäftigung finden. Meine Schwester hat bei Familie Lamm allerhand Schneiderarbeiten ausführen können. Manchmal ging ich mittags zu ihr, um mit ihr aus dem gleichen Teller zu

[8] Vołkovysk oder Vawkavysk (Belarus/Weißrußland), ca. 80 km östlich von Białystok bzw. südlich von Grogno (Hrodna).

essen. Dort habe ich dann in einem Schuppen Holz gehackt, um mich nützlich zu machen, im Winter Schnee geschippt und eine Zeitlang am Bahnhof Kohle entladen. In meinem Beruf als Photochemigraph gab es in Wołkowysk keine Arbeitsmöglichkeit, denn es gab dort keine Anstalt dieser Art.

So verging die Zeit. Man hoffte, daß der Krieg zu Ende gehen würde und der einzige Wunsch war, wieder zu den Eltern nach Hause zurückzukehren.

Es kam der Frühling. Die sowjetischen Behörden haben eine einzigartige Aktion gestartet. Es wurde unter den Flüchtlingen eine Registrierung durchgeführt. Alle Personalien und Angaben wurden aufgenommen, wobei der Fragebogen eine Position enthielt, die sich als schicksalhaft erweisen sollte. Die Frage lautete: "Wohin möchten Sie fahren?" Manche haben den Wunsch geäußert, nach Amerika auszuwandern, eine Anzahl Leute wollte in der UdSSR bleiben, die überwiegende Mehrheit jedoch wollte zurück nach Hause.

Obwohl neu ankommende Flüchtlinge berichteten, daß die Lage für die Juden im deutschbesetzten Polen immer schlechter wurde, hatte die Mehrheit der Flüchtlinge dieses Dasein satt und wollte, ungeachtet der aussichtslosen Lage, zurück zu ihren Eltern oder Verwandten. Meine Schwester und ich haben die Registrierung auch mit dem Wunsch unterzeichnet, nach Warschau zurückkehren zu dürfen. Die Sehnsucht nach der Familie war so stark, daß man alle schlimmen Erwartungen außer Acht ließ.

Nach einigen Wochen hat das NKWD - diese Abkürzung steht für das gefürchtete "Volkskommissariat für Innere Angelegenheiten" - unerwartet alle diejenigen, die nach Amerika oder sonst wo ins Ausland wollten, in der Nacht in Lastwagen mit Polizeieskorte abgeholt und ins örtliche Quartier der NKWD bringen lassen. Dort wurde jeder einzeln verhört und danach wurde gruppenweise ins städtische Gefängnis eingeliefert. Diejenigen, die den Wunsch geäußert hatten, in der UdSSR zu bleiben, wurden angewiesen, Wołkowysk zu verlassen und sich in Orten niederzulassen, die nicht weniger als 200 km von der sowjetisch-deutschen Grenze entfernt lagen.

Meine Schwester wurde zuerst abgeholt, und für mich brach eine Welt zusammen. Ich war unsagbar traurig und habe tagelang geweint. Drei Tage später kam die Miliz und hat auch mich abgeholt. Ich war dadurch sehr erleichtert, weil ich hoffte, daß sie mich mit meiner Schwester zusammenführen würden. Meine Milizeskorte hat mich zu Fuß in das Hauptquartier des NKWD gebracht und in einen Saal geführt, wo schon viele Leute versammelt waren. Nach und nach wurden die Menschen einzeln aufgerufen und zum Verhör gebracht.

Die Reihe kam an mich. Ich wurde in ein Kabinett geführt, wo zwei Offiziere saßen. Sie befragten mich über meine Personalien, und als ich mein Alter angab, haben sie sich gegenseitig angeschaut. Ich war unter 18 Jahren damals. Dann sagte einer, ein Kapitän (Hauptmann): "Nje pajdjot!" ("Das geht nicht!"). Als ich begriffen hatte, daß sie mich nicht nehmen wollten, weil ich minderjährig war, habe ich angefangen zu weinen und ihnen versichert, daß ich das Arbeiten gewöhnt sei und den ganzen Winter Kohlen entladen hätte, daß ich mit meiner Schwester zusammen sein wolle und sie gebeten, sie mögen mich doch nehmen. Schlußendlich sagte der Kapitän: "Du wirst hier bleiben: Gehe zum Milizkommandanten Herrn Guz und sage ihm, daß Kapitän Winogradow dich hier wohnen läßt!"

Da war keine Widerrede möglich. Ich nahm mein Bündel und ging zur Milizstation zu Kommandant Guz. Ich begann, Herrn Guz zu erklären, warum ich hier war: "Ich habe mich seinerzeit zur Rückreise nach Warschau registriert...", aber er ließ mich gar nicht weiterreden. Er glaubte, daß ich mich vor den Behörden verstecken wolle, und dachte wohl auch, mit mir einen Verbrecherfang gemacht zu haben. Er sagte kurz und streng: "Auf dich haben wir schon lange gewartet!", rief einen Milizionär und steckte mich in eine Zelle. Nun wußte ich gar nicht mehr, was los war.

Dann hatte er wahrscheinlich mit den NKWD-Männern gesprochen und den Befehl erhalten, mich freizulassen. Es dauerte keine Stunde, da wurde ich zum Kommandanten Guz geführt. Seine Sekretärin sagte mir: "Der Genosse Kommandant erlaubt Ihnen, in Wołkowysk zu wohnen!"

Es wurden zwei Fotos von mir verlangt, die ich am nächsten Tag machen ließ, und einige Tage später bekam ich einen sowjetischen Paß ohne Wohnbezirkbeschränkung. Ich konnte tatsächlich in Wołkowysk bleiben. Trotzdem war ich sehr unglücklich, weil mir jetzt klar wurde, daß ich ganz allein hier blieb. Ich konnte meiner Schwester noch ein paar Kleinigkeiten ins Gefängnis bringen, und dann, einige Tage später, wurden alle Flüchtlinge aus dem Gefängnis zum Bahnhof gebracht und in Güterwagen verladen zum Abtransport in unbekannte Richtung. Der Zug war streng bewacht von Soldaten des NKWD mit aufgepflanzten Bajonetten, weshalb man nicht sehr nahe an die Waggons herangehen konnte. Von weitem rief ich meine Schwester beim Namen, sie kam an das kleine vergitterte Fenster und konnte mir zuwinken. Der Zug ist nach mehreren Stunden Aufenthalt abgefahren - Richtung Osten.

Lange Zeit konnte ich dieses Geschehen nicht verkraften. Nach und nach mußte ich mich jedoch damit abfinden. Ich besuchte eine Abendschule, wo alle Fächer in russischer Sprache unterrichtet wurden. Alle Klassenkameraden waren aus der hiesigen Bevölkerung: Polen, Juden meistens und einige Weißrussen. Tagsüber arbeitete ich in einem Kindergarten als Hilfsarbeiter: Holzspalten und Wasser in die Küche tragen waren meine Hauptbeschäftigungen. Der Kindergarten hatte weder fließendes Wasser noch einen elektrischen Herd.

Einige Monate nach Abfahrt meiner Schwester bekam ich einen Brief von ihr. Sie war in Sibirien im Bezirk Tomsk in einem Frauenarbeitslager gelandet, in dem Kleidung hergestellt wurde. Zumindest hatte ich ein Lebenszeichen von ihr. Um den Eltern keine Sorge zu bereiten verschwieg ich in meinen Briefen, daß die Schwester in Sibirien war. Mag sein, daß dies ein Fehler war, denn nach dem Vormarsch der Deutschen nach Rußland hätten die Eltern gewußt, daß die Tochter in Sibirien und somit in relativer Sicherheit war. Doch so, in der Annahme, daß wir beide in Wołkowysk seien, machten sie sich bestimmt Sorgen um uns.

Ich wollte den Eltern nach Möglichkeit helfen und nahm mir vor, ihnen ein Lebensmittelpaket zu schicken. Das war nicht leicht, denn es herrschte Mangel an allem. Nach einigen Wochen erst konnte ich einige Kilo Teigwaren, Graupen, ausgelassene Butter und weitere Produkte in ein Kistchen packen und für sie zur Post bringen. Wochen danach erhielt ich einen Brief von zu Hause. Meine Eltern schrieben mir, daß das Paket gerade zu Ostern angekommen war und es die schönsten Osterfeiertage für sie gewesen seien. Ich war glücklich, daß ich den Eltern helfen konnte und begann ein zweites Paket vorzubereiten. Nach einigen Wochen erhielt ich einen Brief von meinen Eltern mit einem Bild aus Warschau. Auf dem Bild sah ich Mutter, Vater und mein jüngster Bruder Jankiel (Jacob), der als einziges von vier Kindern zu Hause geblieben war. Als ich das Bild sah, habe ich die Tränen nicht zurückhalten können. Ich lief ins Feld hinaus, warf mich auf den Boden und weinte wie ein kleines Kind.

Der Besuch der Abendschule hat meine Zeit ausgefüllt. Es gab Schulaufgaben in verschiedenen Fächern wie Physik, Chemie, Mathematik, Biologie, Deutsch und Russisch einschließlich Literatur. Mein Freundeskreis erweiterte sich.

Außer der Teilnahme am Unterricht war ich in der Schule als Graphiker angestellt, und dies für einen bescheidenen Lohn. Im Kindergarten bekam ich keinen Lohn, aber volle Verpflegung. Für die Wohnung mußte ich nichts bezahlen, es handelte sich auch nur um ein Bett direkt an der Eingangstüre des allgemeinen Zimmers. Die Hausherren waren alte Leute, die durch mich nun nicht mehr ganz allein waren. Ich half im Winter, um das Haus den Schnee zu räumen. Die Schule gehörte übrigens einem Herrn Lamm, ein Verwandter der Lamms, bei denen meine Schwester untergebracht war. Nach dem Einmarsch der Sowjets in Wołkowysk wurde das Haus entschädigungslos beschlagnahmt, "nationalisiert" und in eine Schule umfunktioniert.

Wieder unter deutscher Besatzung

Der Krieg in Europa breitete sich aus. Nach dem deutschen Überfall auf Jugoslawien, Griechenland, Norwegen, Dänemark, Holland und Belgien hatten die Deutschen im Sommer 1940 auch Frankreich bezwungen, und es sah aus, als ob niemand mehr in Europa den Deutschen die Stirn bieten könne. Mittlerweile war das Jahr 1941 angebrochen.

Im Sommer gab es zum Abschluß des Schuljahres in der Schule eine Feier mit Musik und Tanz. Es war sehr fröhlich. Ich konnte mir zu diesem Anlaß sogar einen neuen Anzug machen lassen. Nach Mitternacht kamen wir nach Hause und früh am Morgen des 21. Juni 1941 ist die deutsche Kriegsmaschinerie wieder zum Angriff übergegangen, diesmal gegen Rußland. Vorbei waren die Ruhe, der Frieden und das einigermaßen geregelte Leben. Wołkowysk wurde mehrmals bombardiert, ganze Häuserreihen in Schutt gelegt. Die Stadt wurde verwüstet. Man sah zurückflutende sowjetische Soldaten. Auf den Feldwegen und in den Straßen standen zurückgelassene Panzer, Geschütze, Fahrzeuge. Es gab viele Verwundete, um die sich kaum jemand kümmern konnte. Ein typischer Brandgestank breitete sich aus, den ich noch aus Warschau kannte. Es war unheimlich. Mein Gedanke war, nach Osten zu fliehen, um nicht wieder im deutschen Besatzungsgebiet zu sein.

Jedoch die Ereignisse folgten sehr schnell aufeinander. Am 26. Juni 1941 rückten die Deutschen in Wołkowysk ein. Unendliche Kolonnen marschierten durch die Stadt und strömten weiter nach Osten. Das war ein unheilvolles Bild. Aus einem Versteck in der Scheune beobachtete ich die durchmarschierenden deutschen Soldaten. Mit hochgekrempelten Ärmeln sahen sie aus wie Schlächter, Angst einflößend. Geschütze, Fahrzeuge waren mit Fahnen bedeckt, wahrscheinlich um von den eigenen Fliegern erkannt zu werden. In meiner Schule, hat sich ein deutsches Kommando einquartiert. Seitlich gegenüber lag das Haus der Familie Lamm, wo meine Schwester vor der Deportation gearbeitet und gewohnt hatte. Dort habe ich mich meistens aufgehalten.

Meine Beschäftigung im Kindergarten war zu Ende, denn dieser wurde geschlossen, und so stand ich vor dem Nichts, existentiell und moralisch. Einige hundert Meter vom Hause Lamm, direkt gegenüber der Schule, hatte ein Bauer sein Gehöft. Durch Empfehlung konnte ich dort als Knecht arbeiten, für mich eine den Umständen entsprechend gute Lösung, weil ich Verpflegung und eine

Schlafstelle bekam. Mein Wirt und Chef, Herr Karol Urbanowicz, war ein ehemaliger polnischer Offizier und durch die Kriegsumstände gezwungen, sich dem landwirtschaftlichen Betrieb auf der eigenen Farm zu widmen. Er war kein richtiger Landwirt und das Wirtschaften bereitete ihm viel Mühe, zumal er kein junger Mann mehr war. Er stammte aus einer gebildeten Familie.

Seine Frau aus dem Hause Siewaszewicz hatte in der Familie hohe Beamte und einen Bruder, der Advokat war. Dieser Advokat sollte in meinem Leben noch eine wichtige Rolle spielen. Ein Schwager der Frau Siewaszewicz-Urbanowicz, Herr Tarasiewicz, war Bauer und hatte seinen Hof am Rande von Wołkowysk in Zalesie. Dieser Schwager konnte den Karol nicht leiden, und ich als Karols Knecht sollte das noch zu spüren bekommen.

In der Stadt wurde ein so genannter Judenrat gebildet, der die jüdische Bevölkerung erfassen und Verordnungen der deutschen Besatzer an die Juden weitergeben sollte. Arbeitskolonnen wurden gebildet, die zu verschiedenen Einsätzen in der zerstörten Stadt herangezogen wurden. Bevor ich zu Urbanowicz kam, wurde ich auch einige Male mit einer Kolonne zur Arbeit eingesetzt. Da ich aber keine Familie in Wołkowysk hatte und meinen Lebensunterhalt bei Urbanowicz besser gewährleistet sah, habe ich den Judenrat ersucht, mich aus der Pflicht zu entlassen. Dem wurde entsprochen.

Auch die ansässigen polnischen und weißrussischen Bauern waren verpflichtet, ein- oder zweimal pro Woche mit Pferd und Wagen einen sogenannten "Scharwark" abzuleisten. Die Fuhrwerke wurden zum Transport von Waren, Baumaterial etc. benötigt. Diese Scharwark-Einsätze wurden vom Chef auf mich übertragen. Ich hatte nie mit Pferden zu tun gehabt und mußte lernen, dem Pferd das Geschirr anzulegen, es einzuspannen und das Gespann zu lenken. Aber es hat mir Spaß gemacht, dieses rauhe Gewerbe des Fuhrmanns auszuüben. Einmal haben wir Brennholz gefahren. Unsere Route führte durch die Wilenska-Straße, wo ich früher bei Familie Novak gewohnt hatte. Schnell hielt ich den Wagen an und warf einige Holzscheite in den Garten. Diese alten Leute hatten es sicher nötig, da Holz schwer aufzutreiben war.

Meistens habe ich in der Scheune Getreide gedroschen, und zwar mit einem Dreschflegel. Das war eine knochenharte Arbeit. Auf beiden Seiten des Scheunenbodens legte ich die Getreidebündel mit den Ähren nach innen und dann ließ ich mit Wucht das Dreschholz darauf niedersausen. Danach nahm ich das gedroschene Stroh zusammen und bündelte es, um es auf die freie Seite der Scheune zu legen. Dann sammelte ich mit einer Schaufel die Körner zu einem Haufen und füllte sie in Säcke. Anschließend wurde das Ganze in einer handbetriebenen Windmaschine durchgelassen, wo die Körner von der Spreu getrennt wurden.

Sonst habe ich beim Ackern, beim Ernten, beim Düngerfahren, bei der Kartoffelernte und im Stall geholfen. Nach einigen Monaten hatte ich ziemlich gute Erfahrung in allen vorkommenden landwirtschaftlichen Arbeiten. Einmal kam aus der gegenüberliegenden Schule ein Soldat, der dort mit seiner Einheit stationiert war, und hat mir beim Dreschen zugesehen. Es hat ihm Spaß gemacht zu erzählen, daß in seiner Landwirtschaft in Ostpreußen nicht mehr von Hand, sondern maschinell gedroschen wurde. Er hat mir sogar vorgeschlagen, zu ihm nach Ostpreußen überzusiedeln und bei ihm zu arbeiten. "Die Amtsformalitäten werde ich erledigen", sagte er. Ich habe natürlich abgesagt. Der Soldat wußte nicht, wer ich war und bei den "Formalitäten" hätte sich rasch herausgestellt, daß es für einen wie mich ausgeschlossen war, nach Deutschland zum Arbeiten zu fahren.[9]

Die Einheit, die in der Schule stationiert war, mußte ab und zu ausrücken, um gegen Partisanen zu kämpfen. Die Soldaten kamen mit toten Kameraden zurück. Die Besatzung war gereizt, und die Willkür der Besatzungsarmee gegen Juden hat immer schlimmere Ausmaße angenommen. Eines Tages wurde bekannt, daß die Deutschen viele jüdische Ärzte, Intelligenz und andere angesehene Persönlichkeiten auf Lastwagen verladen und außerhalb der Stadt in einem Wald erschossen haben. Zuvor mußten die Opfer selbst das Grab ausheben. Ungewißheit und Angst machten sich breit. Unter den Erschossenen war ein bekannter und berühmter Arzt, Dr. Weinberg. Ich kannte diese Familie vom Sehen, und es war schrecklich anzusehen, wie gebrochen die Frau des Dr. Weinberg war. Es kamen immer wieder schreckliche Nachrichten aus den umliegenden Städtchen, in denen Exekutionskommandos der SS Juden aus den Häusern trieben und auf Lastwagen in die Wälder gebracht und erschossen hatten.

Das Jahr 1942 war ein Kriegsjahr von besonderer Bedeutung. Der Partisanenkrieg machte den Deutschen schwer zu schaffen und forderte Opfer. Einmal, während ich die Pferde auf der Weide hütete, fand ich ein Flugblatt der Deutschen, worin es hieß: "Die deutschen Truppen stehen schon im Kaukasus!" Es war auch eine Warnung an die Partisanen, daß sich im hiesigen Gebiet genügend Polizei und Militär befinde, um jede Partisanentätigkeit zu zerschlagen.

---

[9] Dazu Jerzy Czarnecki, Mein Leben als "Arier" – Jüdische Familiengeschichte in Polen zur Zeit der Schoáh und als Zwangsarbeiter in Deutschland. Konstanz 2002, 2. Auflage 2007.

Nun wurde es Herbst, und die Deutschen gerieten in eine schwere Schlacht in Stalingrad. Das war für die Deutschen vielleicht das Signal, die Juden in Wołkowysk der Vernichtung zuzuführen. Am 2. November 1942 gaben die deutschen Besatzer eine Verordnung heraus, worin man die Juden aufforderte, ihre Häuser zu verlassen und sich im Gebiet der ehemaligen Kavalleriekaserne einzufinden. Jeder Jude, der dies nicht befolgte, würde mit dem Tode bestraft.[10]

Daraufhin füllten sich die Straßen mit Menschen jeden Alters: Frauen, Kinder, Greise, Jugendliche und ganze Familien mit ihren Bündeln an Hab und Gut. Sie ließen ihre Häuser und Einrichtungen zurück, um diese nie wiederzusehen. Der Menschenstrom bewegte sich in Richtung Kaserne, traurig, hoffnungslos, schluchzend. Da waren Menschen verschiedener Berufe, die seit Jahrhunderten hier ansässig waren. Sie lebten ein bescheidenes Leben, von der Hand in den Mund, die meisten in ärmlichen Verhältnissen. Jetzt, nach dem Willen einer verbrecherischen nationalsozialistischen Clique, die sich "Übermenschen" nannten, mußten Tausende den Weg in unsägliches Leid antreten, allzugut wissend, daß am Ende dieses Weges der Tod wartete.

Ich habe dieser Wanderung mit Erschütterung zugesehen. Nach Arbeiten war mir nicht mehr zumute, denn ich mußte befürchten, daß es für mich auch eine schlechte Wende geben würde. Völlig erschüttert war ich, als plötzlich das Tor zum Bauerngehöft sich öffnete und eine junge schluchzende Mutter ihr Kind - es konnte etwa vier Jahre alt gewesen sein - an der Hand hereinführte und die Bäuerin bat, das Kind bei sich aufzunehmen. Sie stöhnte, weinte und sagte: "Nehmen Sie bitte das Kind zu sich, für mich gibt es keine Hoffnung, aber das Kind könnte doch überleben, niemand wird wissen, daß es ein jüdisches Kind ist! Bitte, tun Sie es, Gott wird es Ihnen vergelten!" Ich stand wie versteinert, hatte das Gefühl, daß alles in mir erstarb. Die Bäuerin stand ratlos da, man sah es ihr an, daß sie diesen tragischen Augenblick schwer empfand. Sie hat dann aber der jungen Mutter erklärt, daß sie sich außerstande sehe, das Kind aufzunehmen. Die Mutter mit dem Kind zog weiter in der Menge, verzweifelt und fassungslos.

Am gleichen Tag rief mich mein Chef, Herr Urbanowicz, zu sich und erklärte mir, angesichts der Entwicklung der letzten Tage bitte er mich um Verständnis, daß er mich nicht länger bei sich behalten könne. Er hatte Angst, da gemäß deutscher Besatzungsverordnung jeder, der einen Juden bei sich unter-

---

[10] Vgl. dazu www.neveragain.org./1941.htm; www.Israel.over-blong.net/ article-4393576

brachte, zusammen mit dem Juden erschossen würde. Er war sehr blaß. Man sah ihm an, daß es ihm nicht leicht fiel, mir das mitzuteilen.

Ich war erschüttert, aber hatte mit einer derartigen Entwicklung gerechnet und machte mich daran, mein Bündel zu packen. Ich wußte noch nicht, was ich machen sollte, aber eines war mir klar: Ich würde zu entkommen versuchen und nicht in die Kaserne gehen. Das Bündel, das ich zurechtgemacht hatte, durfte nicht zu groß sein, um nicht sofort als Flüchtling aufzufallen. So zog ich ein paar Hemden übereinander an, nahm einige Kleinigkeiten und etwas zu Essen mit und verließ das Haus. Der Abschied war fast stumm. Gute Wünsche gab mir nur mein Chef auf den Weg.

Nach Fluchtversuch im KZ Wołkowysk

Ich ging quer über die Straße zu einen parallel zum Fluß verlaufenden Weg Richtung Zapole (östlicher Stadtrand) aus der Stadt hinaus. Unterwegs kam mir eine Patrouille entgegen, ein deutscher Soldat in Begleitung eines aus der örtlichen Bevölkerung gegründeten "Hilfsdienst"-Polizisten. Dieser "Hilfsdienst" rekrutierte sich aus der polnischen und der weißrussischen Bevölkerung. Meistens waren es wenig gebildete Leute ohne rechten Beruf. Diesen imponierte es, daß sie plötzlich Herren über Leben und Tod der Juden geworden waren. Sie waren übereifrig im Auffinden und in der Verfolgung von Juden. Ein besonderer Schreck war ein Hilfsdienstpolizist namens Bogdanowicz. Er verging sich an allen, derer er habhaft wurde, mit Stock und Knüppel.

Nun aber konnte ich der Patrouille nicht mehr ausweichen ohne Verdacht zu erwecken und ging geradewegs auf sie zu. Der polnische Begleitpolizist, den ich kannte, machte eine Handbewegung, die dem deutschen Soldaten zeigen sollte, daß ich kein Jude sei, und sie hielten mich nicht einmal an. War das eine Fügung des Schicksals, daß man mich passieren ließ? Solche Fügungen sollte ich noch mehrfach erleben.

Nach ein paar Kilometern mündete der Weg in die Hauptstraße, und ich ging gezielt aus der Stadt hinaus. Ein Ziel hatte ich aber noch nicht. Die Lage war um so gefährlicher, als zu dem Zeitpunkt, an dem alle Juden sich in der Kaserne einfinden mußten, jeder auf der Straße angetroffene Jude kurzerhand erschossen wurde.

Plötzlich erblickte ich in der Ferne einen Militärposten auf der Straße, es waren mehrere Soldaten und Polizisten. Ich konnte damals noch nicht zwischen Wehrmachtsoldaten, Polizisten oder SS-Leuten unterscheiden. Alles, was eine deutsche Uniform trug, bedeutete eine tödliche Gefahr. Ich verlangsamte meinen Marsch, und es wurde mir klar, daß ich an diesem Posten scheitern würde. So bog ich in einen Feldweg ein und versteckte mich hinter einer Scheune. An der Wand der Scheune waren Bretter angelehnt, und so bildete sich eine Art Holzzelt, worin ich mich verkroch. Dort saß ich stundenlang. Es wurde ungemütlich und recht unbequem, doch ich hatte Angst herauszukommen und in die Hände der Polizei zu fallen. Die Zeit verging, es wurde kühl. Wie sollte es weitergehen?

Später, als es auf die Mittagszeit zuging, näherte sich meinem Versteck eine Kinderschar, die mit einem Ball spielte. Der Ball rollte plötzlich vor mein Versteck, zwei der Kinder erblickten mich und rannten davon. Ich wußte, gleich würden sie Erwachsene zu meinem Versteck führen, also verließ ich es.

Die Patrouille am Ende des Weges stand immer noch da. Ich erkannte die Ausweglosigkeit meiner Situation und beschloß, zur Masse der Juden in die Kaserne zu gehen. Ich war zermürbt vom Verstecken und der Nacht im Freien. Ich ging also Richtung Kaserne. Am Eingang standen Wachen aus deutscher Gendarmerie oder sonstigen Uniformierten, mit Gewehr über der Schulter und Stahlhelm. Ich ging auf die Wache zu und sagte, daß ich zu diesen Leuten gehöre und zeigte auf die hinter Stacheldraht schweigend versammelten Menschen. Mit einer Handbewegung ließen sie mich passieren und durch eine Pforte im Stacheldraht gehen. Alle schauten mich fragend an und wollten wissen, warum ich freiwillig hierher gekommen sei, ob ich wohl nicht wußte, was uns hier erwartete. Was sollte ich ihnen sagen? Einer aus der Menge sagte: "Du kannst in einem der Erdlager deinen Platz einnehmen, richte dich ein!"

Das Lager, in dem jetzt alle Juden der Stadt Wołkowysk zusammengepfercht wurden, lag am Rande der Kavalleriekaserne. Die Unterkünfte bestanden aus einem Graben, worüber ein Holzdach gezogen war, das bis auf die Erde reichte. Die Breite eines solchen Erdaushubs betrug ca. 7-8 m. Es führten einige Holztreppen in diese Erdlager hinein. Links waren über die gesamte Länge der Erdlager Bretterbühnen angebracht, die als Bettstätte dienten. Die Länge dieses Erdlagers konnte etwa 20-30 m betragen. In der Mitte, wo die Dachspitze eine Höhe von ca. 3 m vom Boden hatte, war die Holzbühne in zwei Etagen geteilt. Auf der rechten Seite wiederum das gleiche Bild wie links. Das waren also die "Wohnräume" für die jüdische Bevölkerung, die mit Familien, Kindern, alten Leuten, Kranken und Invaliden in diese Wohnlöcher hineingetrieben wurde.

Wie froh war ich, daß ich in diesem hoffnungslosen Elend allein war und nicht mit ansehen mußte, wie meine Eltern und Geschwister dieses furchtbare Schicksal hätten ertragen müssen. Wie meine Familie zur selben Zeit in Warschau im Ghetto leiden mußten, davon hatte ich keine Ahnung, und es war wohl auch besser, daß ich es nicht wußte.

Ich ging also hinein in dieses Erdloch und besetzte auf den Brettern einen Platz, der breit genug war, um mich hinzulegen. Von Entkleiden, Waschen, Zähneputzen usw. konnte keine Rede sein. Ich habe keine Wasserleitung in Erinnerung. Ich legte mich in den Kleidern nieder, mit Schuhen und der Mütze auf dem Kopf. Die Mütze hat die Rolle eines Kissens übernommen. Das war ein physisches und psychisches Leid, das man sich gar nicht vorstellen kann.

Ich glaube mich erinnern zu können, daß von der Lagerküche einmal pro Tag ein Kessel Suppe gebracht und unter die Leute verteilt wurde. Diese "Wohnräume" waren natürlich nicht geheizt. In der Nacht war es schon empfindlich kalt. Der Tag, an dem ich in dieses Ghetto eingerückt bin, war der 2. November 1942. Als Toilette diente eine Baracke, die an allen Seiten offen war, in der Mitte eine durch die ganze Länge ausgehobene Grube und darüber ein Brett zum Hinhocken, eher für Hühner geeignet.

In meinem Erdlager wurde es immer schlimmer. Von überall hörte man Weinen und Schluchzen, Kinder wimmerten. Die Stimmung war hoffnungslos niedergeschlagen. Allen war klar, daß unter solchen Bedingungen das Leben zum baldigen Tod führen mußte. Man ahnte, daß von hier aus der Weg nur noch in die endgültige Vernichtung führte.

Die Nacht in diesem Erdloch war unerträglich. An Schlafen war nicht zu denken. Ich wälzte mich von links nach rechts, von rechts nach links. Manchmal nickte ich ein, um aber rasch wieder aufzuwachen. Das Bewußtwerden, daß kein Traum, sondern ein ganz realer Alptraum war, machte mich unsagbar unglücklich. Ich hätte nie gedacht, daß ein Unglück dieser Art, daß diese Demütigung, wie ein Tier ein einem Erdloch eingesperrt zu sein, daß Not und Leid, Hunger und Qual – physisch so weh tun kann.

Tagsüber versuchte man, draußen zu sein. Der Auslauf führte zu dem Stacheldrahtzaun. Wir schauten hinaus, wo sich Leute frei bewegen konnten. Innen und außen entlang des Drahtzaunes marschierten paarweise die Wachen in Stahlhelm und geschultertem Gewehr, gut genährt, sauber, streng, überheblich - Gestalten wie aus einer anderen Welt. Außerhalb des Drahtzaunes waren ab und zu Leute aus der polnischen Bevölkerung mit Eßpaketen oder Körben zu sehen, welche sie den eingesperrten Bekannten oder Nachbarn übergeben wollten. Die Übergabe gelang jedoch nicht immer, weil die Wachen diese Leute mit Eßkörben wegjagten.

Eines Tages, als ich traurig am Zaun stand und mein Blick in die Umgebung wanderte, erblickte ich meinen Kollegen aus der Schulzeit in Warschau. Ich schrie laut: "Lichtenstein!" Und er schrie: "Erlich!", und wir fielen uns in die Arme. Die unerwartete Begegnung hat uns auf einen Augenblick vergessen lassen, unter welch traurigen Umständen wir uns trafen. Meinen Schulkollegen Mosche Lichtenstein hatte ich mindestens fünf Jahre nicht mehr gesehen. Nach dem Schulabschluß im Jahre 1937 gingen unsere Wege auseinander, und hier nun hatte das Schicksal für ein Treffen gesorgt. Ich war damals oft bei ihm zu Hause. Wir spielten und machten Schulaufgaben zusammen.

Er wohnte in der Niska-Straße 10. In diesem Hause gab es einen Polizeiwachposten, und am Eingang stand immer ein Polizist. Mosche Lichtenstein hatte einen Bruder namens Daniel und zwei Schwestern. Einmal geschah eine lustige Verwechslung. Eine Schwester machte am Tisch einen Papierschnitt. Ich näherte mich dem Tisch und schaute zu. Die Schwester, ohne den Kopf zu heben, im Glauben ihr Bruder stehe neben ihr, sagte: "Gib mir einen Kuß!" Das tat ich, und als sie sah, daß ich es war und nicht ihr Bruder, brach sie in schallendes Gelächter aus. Über diesen Vorfall wurde noch lange gelacht.

Mein Schulkamerad Mosche Lichtenstein hatte ein Grammophon und mehrere Platten, darunter auch Tanzmusik: Wir spielten daher oft Tanzmusik und haben mit seinen Schwestern tanzen gelernt. Die gängigen Tänze waren damals Tango, Walter und Slowfox.

Nun stand mein Freund in einem Lager hinter Stacheldraht mit mir zusammen, beide verloren, fern von Warschau, wo alles so normal, warm und gut war. Er führte mich zu seiner Baracke und wir erzählten uns, was wir alles erlebt und durchgemacht hatten. Er hatte in einem Städtchen unweit von Wołkowysk gelebt und war mit der jüdischen Bevölkerung dieses Städtchens ins Lager gekommen. Er erzählte mir, daß er und einige seiner Kollegen Pistolen besäßen und einem Ausbruch aus dem Lager planten, um sich den Partisanen anzuschließen. Als wir uns spät abends verabschiedeten, wußten wir nicht, daß wir uns nie mehr sehen sollten.

Wie lange ich in diesem Lager war, weiß ich nicht mehr genau, etwa ein oder zwei Tage höchstens. An einem Vormittag fuhr ein Lkw auf dem Kasernengelände vor das mit Stacheldraht abgegrenzte Ghettolager und ein Soldat gab bekannt, daß er einige Leute zur Arbeit brauche. Viele Menschen drängten sich vor, auch ich. Jeder wollte aus dem Lager hinaus, weil dies Kontakt mit den normal lebenden Menschen in der Stadt bedeutete. Damit verband sich auch die Hoffnung, von den Leuten draußen ein Stück Brot oder sonst etwas Eßbares zu ergattern.

Als der Andrang der Arbeitswilligen zu groß wurde, nahm der Soldat sein Gewehr von der Schulter, vielleicht um Ordnung herzustellen oder vielleicht auch, weil er sich von der Menge bedroht fühlte, wobei er die Leute aufforderte zurückzutreten. Da dies nicht sofort geschehen konnte, weil viele, die hinten nachdrängten, die Aufforderung des Soldaten hören konnten, schoß der Soldat in die Menge. Nun rannten die Leute eilig hinter den Stacheldrahtverhau zurück. Im Laufen habe ich mich umgedreht und gesehen, wie ein Junge angeschossen mit ausgebreiteten Armen am Boden lag. Der Knabe wurde dann auf einer provisorischen Bahre ins Lager getragen und ist ein paar Stunden später gestorben.

Zur Räumung jüdischer Wohnungen

Etwas später kam ein Soldat vor den Zaun auf dem Kasernenareal und hieß arbeitswillige Leute vorzutreten. Ich lief sofort hin und habe mich in die Reihe gestellt, mußte ja nicht zu meiner Schlafstelle ins Erdloch zurück, um irgendwelche Sachen mitzunehmen. Dort war nichts, denn all mein Hab und Gut trug ich an meinem Körper. Ich stand und ging und schlief immer angezogen und mit Schuhen an den Füßen. Es war seltsam, gar nichts zu besitzen. Unter diesen Umständen war dies vielleicht ein Vorteil, man war stets marsch- oder ausbruchsbereit, kein überflüssiges Gepäck behinderte einen.

So stand ich in einer Kolonne von etwa 60 Leuten verschiedenen Alters und wartete, was passieren würde. Es bewegte sich aber nichts, nur die Wachen marschierten vor der Kolonne auf und ab. Die Zeit verging, ich wurde ungeduldig, und Furcht überfiel mich. Was hatten sie mit uns vor? War dies eine Kolonne zur Liquidierung? Ich rückte plötzlich aus der Kolonne aus und wollte zurück hinter den Draht. Aber da brüllte ein Soldat aus vollem Halse: "Zurück in die Kolonne!" Meine Befürchtungen hatten sich damit schon verdichtet, daß man mit uns nichts Gutes vorhatte.

Es sollte sich aber herausstellen, daß diese Arbeitskolonne mein zu künftiges Schicksal bestimmen würde und ich dank dessen am Leben geblieben bin.

Nach etwa einer Stunde wurden wir unter Bewachung aus der Kaserne geführt und vor die Tore der städtischen Badeanstalt gebracht. Da warteten wir, ohne zu wissen worauf. Die Marschordnung hatte sich aufgelockert, die Wachen haben es nicht sehr ernst genommen mit der Bewachung und wir traten auf der Stelle, redeten leise miteinander und warteten.

Da rundherum Häuser standen, beschloß ich, schnell ein Haus zu betreten und um ein Stück Brot zu betteln. Ich klopfte an die Tür. Eine Frau öffnete. Ich konnte mir vorstellen, daß mein Aussehen Furcht erwecken konnte. Ich war seit Tagen nicht gewaschen, ungepflegt, steckte in zerknitterter Kleidung, in der ich auf Brettern geschlafen hatte. Ich mußte schnell meine Absicht vortragen, um jede Angst und Zweifel der Frau und der anderen Leute zu zerstreuen, die sich inzwischen an der Tür angesammelt hatten: "Ich lebe hier im KZ, hätten Sie bitte vielleicht ein Stück Brot, ich habe großen Hunger?" Die Frau sagte: "Kommen Sie rein, wärmen Sie sich ein bißchen!" Sie brachte mir ein Stück Brot, und ich erzählte schnell etwas von mir, meine Herkunft, damit die Leute wissen sollten, daß ich kein Verbrecher oder entkommener Dieb war. In den Augen der Anwesenden - es waren ein paar Frauen und Männer - konnte ich Mitgefühl sehen. Plötzlich ging eine der Frauen an einen Schrank, holte ein Medaillon der Muttergottes an einem Strickhalsband und hängte es mir um den Hals. Sie sagte: "Sie sprechen so wunderbar Polnisch, retten Sie sich, man wird Sie gar nicht als Juden erkennen! Sie werden es mit Gottes Hilfe schaffen!" Dieser warme Empfang von völlig unbekannten Menschen hat mir sehr viel Mut gemacht und in mir den Willen bekräftigt zu entkommen, mein Leben zu retten, mich nicht in die Gaskammer bringen zu lassen.

Ich verließ das Haus, und eine Weile danach wurde die ganze Geisterkolonne in die Badeanstalt geführt. Wir mußten uns entkleiden und wurden gruppenweise unter die Dusche gejagt. Mit Argwohn betrachtete ich die Duschöffnungen an der Decke. Würde da wirklich Wasser heraus kommen oder Gas? Mittlerweile waren Gerüchte in Umlauf, daß man auf diese Weise Menschen umbrachte. Die Dusche war echt und eine Wohltat. Trotzdem war alles ungewiß, was vor uns lag.

Nach der Dusche wurden wir allesamt in das städtische Gefängnis gebracht. Im Gefängnishof mußten wir uns aufstellen, wurden abgezählt und in eine große Zelle geführt. In dem Raum waren dreistöckige Holzpritschen aufgestellt.. Ich bekam einen Platz ganz unten. Um sich hinlegen zu können, mußte man sich zuerst hinsetzen und den Kopf einziehen. Es gab eine dünne Decke und einen Strohsack unter den Kopf. Man konnte hoffen, morgens und am Abend eine Mahlzeit zu bekommen. Gegenüber dem Erdlager war das hier ein großer Vorteil.

Der Zweck unserer Arbeitsgruppe wurde uns bald klar. Jeden Morgen nach dem Frühstück wurden wir in kleine Gruppen aufgeteilt und in die Stadt geführt. Wir besuchten alle verlassenen jüdischen Wohnungen und unter Aufsicht eines Wachsoldaten haben wir alle Kleidung aus den Wohnungen geholt und auf Pferdewagen verladen. Die Pferdegespanne wurden von den Ortsbauern zur Verfügung gestellt, natürlich unter Zwang der Besatzungsbehörden. Wenn der Wagen voll war, wurde die Ware in ein Lagerhaus gebracht.

Was mit all diesen unzähligen Mänteln, Schuhen, Hemden, Anzügen, nachher geschah, wußten wir nicht. Vielleicht wurden die Sachen nach Deutschland verschickt, um im Rahmen des sogenannten "Deutschen Winterhilfswerks" an die bedürftige deutsche Bevölkerung verteilt zu werden – wie man munkelte -, oder sie wurden aussortiert und warme Sachen an die Ostfront geschickt.

Der begleitende Wachtmeister hielt Ausschau nach Gold und Schmuck. Er hat uns befohlen, falls wir solche Gegenstände entdeckten, ihm diese abzugeben. Ich konnte beobachten, wie der Wachmann nach Durchstöbern von Kleidungsstücken in einem Schrank sich Schmuck und eine Goldkette in die Tasche steckte. Ob er das an die Verwaltung abgeliefert hat, ist zu bezweifeln.

Ich hatte kein Interesse an Schmucksachen. Was mich besonders interessierte, war Essen, und das war in den Vorratsräumen zu finden. Es genügte, die Tür aufzumachen, und da standen Gläser mit eingemachten Früchten und Gurken. Hier und da gab es auch Eier, Fett, getrocknetes Brot. In einer Wohnung habe ich u.a. 10 Eier erwischt. Ich dachte, ich muß eine Reserve anlegen, und so habe ich die 10 Eier in die Pfanne gehauen und blitzschnell verputzt. Noch nie im Leben hatte ich ein Essen mit 10 Eiern verzehrt. Mir war jedesmal bewußt, daß dies das letztemal sein konnte...

Die armen Leute hatten nur wenig mitnehmen können, vieles blieb in der Wohnung zurück. Was damit geschehen sollte, war unklar. Die Deutschen hatten kein Interesse daran. Nach dem Ausräumen der Wohnungen wurden sie abgeschlossen, Wohnungen, die wohnlich und behaglich eingerichtet waren. All das hatten die Leute stehen und liegen lassen müssen, um auf dem Weg in die Vernichtungslager unter solch unmenschlich grausamen Bedingungen in Erdlöchern zu hausen. Das alles auf Geheiß eines barbarischen, menschenverachtenden Regimes, von Hitler und seinen Schergen errichtet. Wie schade, daß alle diese Hitlers, Görings, Himmlers und Goebbels' sich durch Selbstmord der Verantwortung entziehen konnten.

Nach der Versorgung der Kleiderberge wurden wir gegen Abend ins Gefängnis zurückgeführt. Es wurde abgezählt, und danach ging es in den Eßsaal, wo wir eine Suppe mit Brot bekamen. Das Essen war nahrhaft und ausreichend. Nach dem Essen gingen wir alle in den Pritschenraum, wo man nur stehen oder auf den Pritschen sitzen bzw. liegen konnte. Verglichen mit den vorherigen Erdbunkern war es hier erträglicher. Nun aber waren wir eine winzige Arbeitsgruppe, die hier auf Abruf gehalten wurde. Wir waren uns einig, daß wir nach Abschluß der Aktion "Räumung der jüdischen Wohnungen" ins Haupterdlager zurückgebracht würden.

Die Wachmannschaften im städtischen Gefängnis hatten sich eine Schikane für uns Juden ausgedacht, indem wir jede zweite Stunde wachgeschrieen und auf den Gefängnishof hinausgejagt wurden. Dort wurden wir wieder abgezählt und danach zurück in den Raum gelassen. Kaum hatte wir uns in die Decke eingehüllt, waren ein wenig warm geworden und eingenickt, kam schon der nächste Aufstehalarm.

Es vergingen einige Tage. Bei den Streifzügen durch die Wohnungen habe ich nach Bedarf Wäsche gewechselt, auch Unterwäsche, Kleidung und Schuhe. Ein besonders nützlicher Fund war für mich eine Dreiviertel-Schafspelzjacke, mit Wollstoff überzogen und mit einem Pelzkragen. Diese Jacke hat mir sehr genützt. Während der nächtlichen Weckalarme konnte ich sie schnell überziehen und die Kälte im Gefängnishof bei den Abzählungen besser ertragen. Diese Jacke sollte mir auch später noch auf der Flucht von großem Nutzen sein.

Die Wachmannschaft hatte sich an unsere kleine Gruppe gewöhnt und schenkte uns keine große Aufmerksamkeit. Wir blieben während des Sortierens der Kleidungsstücke oft allein im Kleiderraum, und so konnte ich mich ab und zu von der Arbeit entfernen.

Neue Möglichkeit zur Flucht

Eines Tages traf ich in der Stadt den Schwager von Karol Urbanowicz, bei dem ich ca. 15 Monate auf dem Bauernhof gearbeitet hatte. Der Schwager, ein älterer grauhaariger Herr, kannte mich von den gelegentlichen Besuchen bei seinem Schwager und seiner Schwester, geborene Siewaszewicz. Im Kriege, wo es mit der Verpflegung schwierig war, stellte es für den Rechtsanwalt Siewaszewicz einen besonderen Wert dar, einen Schwager mit Bauernhof zu haben, wo man keine Not kannte. Beim zufälligen Treffen in der Nähe seines Hauses lud mich Herr Siewaszewicz zu sich zu einem Tee ein. Für mich war das eine unerwartete Geste und ich bin gerne der Einladung gefolgt.

Schon lange war ich nicht mehr in einer normalen, warmen Wohnung, wo alles intakt war. Eine scheinbar unbesorgte Familie, die zwar die Härten des Krieges sicherlich auf irgendeine Weise zu spüren bekam, jedoch keine Ängste hatte, wegen ihrer Herkunft dem Tode geweiht zu sein wie die jüdische Bevölkerung. Auch die polnische Ortsbevölkerung mit Ausnahme von bereitwilligen Hilfspolizisten und Mitläufern der Besatzungsmacht war den deutschen Besatzern abgeneigt.

Herr Siewaszewicz befragte mich besorgt, was sich im Lager abspiele und was für Aussichten ich in diesem Umfeld hätte. Ich empfand den Besuch als eine Erholung und dachte nicht daran, daß aus diesem Gespräch eine Hoffnung auf Rettung für mich entstehen könnte. Ich berichtete von der traurige Lage im Erdbunkerdorf und der Situation im Gefängnis. Herr Siewaszewicz hörte aufmerksam und mit Anteilnahme zu. Die Tochter des Hausherrn, die etwa in meinem Alter war, hörte auch zu. Sie war auf ihre jugendliche Art sehr berührt vom Schicksal von Menschen, die plötzlich vogelfrei waren, außerhalb der Gesellschaft gestellt, mit einer düsteren Zukunft.

Ich wurde eingeladen, wiederzukommen, was ich auch tat, wenn auch ein wenig geniert. Bei einem dieser Besuche hat mich Herr Siewaszewicz beschworen, doch alles zu versuchen, mich zu retten. Er als Anwalt führte verschiedene Gerichtsverhandlungen, und gewöhnlich hatten seine Mandanten Unterlagen, darunter auch Geburtsurkunden, bei ihm deponiert. Er ging zu seinem Aktenschrank, zog ein Dossier heraus, kam damit zurück zum Tisch und erklärte mir, daß ich ein Dokument haben müsse, falls ich mich aus der Arbeitskolonne entfernen und mich in einer anderen Ortschaft, wo ich unbekannt war, unter einem Namen, der meine jüdische Herkunft nicht erkennen ließ, niederlassen würde. Er begann, in den Dokumenten zu suchen, was auf mich alters- und geschlechtsmäßig zutreffen könnte. Er fand aber kein Dokument, das glaubwürdig auf einen ca. 19jährigen Burschen passen konnte. Das einzige, was er auffinden konnte, lautete auf eine Frau Bronislawa Karkos, geboren im Jahre 1912. Das Geburtsdatum war in Worten geschrieben, das Dokument von einer Pfarrei im Bezirk Olkusz, Wojwodschaft Kielce ausgestellt.

Herr Siewaszewicz zerbrach sich den Kopf, wie man mit dieser Geburtsurkunde etwas machen könnte. Er kam zum Schluß, daß man durch Auskratzen des letzten Buchstabens aus der "Bronislawa" einen "Bronislaw" und vielleicht auch das Geburtsjahr ändern konnte. Mit meinen damals 19 Jahren konnte ich unmöglich einen um 11 Jahre älteren Mann abgeben, jedoch die einzige Operation an der Geburtsurkunde, die sowohl den Geburtsjahrgang einigermaßen glaubwürdig machen konnte als auch nur ein Minimum an graphischen Eingriffen in das Dokument erforderte, war, aus dem Wort "dwunastego" (zwölf) ein "dwudziestego" (zwanzig) zu machen.

Das hat er mit viel Geduld und Geschick geschafft, die korrigierten Stellen etwas angetupft und angeschmutzt, um den vergilbten Ton des Dokumentes einheitlich erscheinen zu lassen. Und so wurde ich zu Bronislaw Karkos, geboren am 14. Juli 1920 im Dorf Witaradowo, Dekanat Olkusz, woj. Kieleckie.

DYECEZJA KIELECKA
DEKANAT OLKUSKI
RZYM.-KAT. PARAFJA OLKUSZ

Nº 230 aktu.

Świadectwo ~~śmierci~~ Urodzenia

Zaświadczam, że w dniu 17 lipca ... tysiąc dziewięćset ... roku ... urodził się ... Bronisław ... lat ... miesięcy ... dni

z ojca Juliana ... i matki Marjanny

z domu Dąbek

za rzetelność czego zaręcza.

Olkusz, dnia 14 XI 192.. r.

Urzędnik stanu cywilnego

Gefälschte Geburtsurkunde

Die bloße Tatsache, daß ich ein Dokument besaß, mit dem ich mich notfalls ausweisen konnte, gab mir den Mut, die Flucht zu wagen, obwohl trotzdem viele Gefahren bestanden. Wäre meine neue Identität glaubwürdig? Würden bei einer Kontrolle keine Zweifel auftauchen? Wie würde ich mich verhalten bei irgendwelchen Zweifeln der Militär oder Polizeistreifen, die mich mit Fragen bedrängen konnten, auf die ich eindeutige Antworten bereit haben müßte? Würde es notfalls eine Überprüfung meiner Angaben an dem Ort geben, wo das Dokument ausgestellt worden war? In einem solchen Fall würde natürlich meine ganze Geschichte auffliegen.

Mir war also klar, daß es ein risikoreiches Unterfangen war, gestützt auf das neue Dokument aus dem Lager zu fliehen und zu versuchen, mich in der Öffentlichkeit einzurichten. Ich war jedoch fest entschlossen, es zu wagen, weil unsere Tage im Lager gezählt waren, und ich trug das Dokument bei mir wie einen Rettungsring.

Deprimiert vernahm ich eines Tages, daß ein Lagerinsasse aus dem Kasernen-Ghetto zu fliehen versucht hatte. Er wurde im Bahnhofsbereich von einer deutschen Gendarmeriepatrouille gefaßt und an Ort und Stelle erschossen. Dieser Mann hieß Schkolnik. Ich kannte ihn zwar nicht, jedoch hämmerte es tagelang in mir: "Schkolnik wurde gefaßt und erschossen!" Dieser Vorfall hat meine Hoffnung auf einen erfolgreichen Fluchtversuch stark gedämpft, und doch blieb keine andere Wahl.

Es bestand nicht der geringste Zweifel, daß die gesamte jüdische Bevölkerung aus den Kasernenlager-Erdlöchern in ein Vernichtungslager gebracht würde, sobald Transportkapazitäten bereitstünden. Mir war auch klar, daß wir in das Kasernenlager zurückgeschickt würden, wenn unsere Arbeitsgruppe mit ihrer Arbeit fertig und sämtliche jüdische Wohnungen leergeräumt wären, und von dort war ein Ausrücken oder ein Entfernen fast unmöglich, da das ganze Gebiet umzäunt und streng bewacht war.

Es vergingen einige Tage, und ich besuchte wieder Herrn Siewaszewicz, der mir folgenden Plan empfahl: Er hatte einen Bekannten, der auf einem abgelegenen, einsamen Bauernhof lebte. Dieser lag ca. 35 km von Wołkowysk in Richtung Białystok, also westwärts. Ich sollte zu diesem Bauern gehen, mich auf Herrn Siewaszewicz berufen und als Knecht bei ihm arbeiten. Der Plan war sehr einfach, aber niemand wußte, ob es dabei Schwierigkeiten geben könnte, doch für mich war es eine reelle Chance, mich an eine Adresse wenden zu können, wenn ich das Gefängnis in Wołkowysk verlassen hätte.

Ein erfolgloser Fluchtversuch

Und so beschloß ich eines Tages, nach der Arbeit im Kleiderlager nicht in das Stadtgefängnis zurückzukehren. Das war der 12. Dezember 1942. Kurz vor Arbeitsschluß und bevor der Wachmann uns abholen kam, habe ich mich von der Arbeitsgruppe entfernt, drückte mich bis zum Einbruch der Dunkelheit in der Gegend herum und machte mich dann auf den Weg aus der Stadt Richtung Bauernhof, der meine Rettung bedeuten sollte. Gutes Schuhwerk hatte ich, da ich in den Wohnungen, die wir leer räumen mußten, passende Stiefel gefunden hatte. Die Schafpelzjacke schützte mich einigermaßen vor der Kälte, und ich marschierte in die Nacht hinein, dem unbekannten Bauernhof entgegen. Es war eine klare, frostige Nacht, der Mond schien hell, der Schnee knirschte unter meinen Stiefeln. Ich marschierte an verschlafenen Dörfern vorbei, in der Ferne hörte man ab und zu Hundegebell. Es war ein wenig unheimlich.

Mit meinen Gedanken war ich immer bei dem mir unbekannten Ziel: Wie würde man mich aufnehmen? Würde der Bauer Verdacht schöpfen? Was sollte ich ihm erzählen, warum ich gerade bei ihm arbeiten wollte? Tausend Fragen gingen mir durch den Kopf. Aber ich vertraute auf die die Empfehlung des Herrn Siewaszewicz. Die mußte genügen. Ich hatte eine Beschreibung, wie ich diesen Bauernhof finden sollte, und spät am Abend, aber noch vor Mitternacht, bin ich endlich angekommen.

Nun stand ich vor einem kleinen Holzhaus mit einem Strohdach, wie es in dieser Gegend üblich war, klopfte an die Tür, eine Frau von etwa 50 Jahren öffnete. Ich stellte mich vor und sagte, daß ich von Herrn Siewaszewicz geschickt werde und mit dem Hausherrn sprechen möchte. Die Frau sagte, der sei nicht da, sondern mit dem Pferdewagen ins entfernte Nachbardorf gefahren und komme erst am nächsten Tag zurück.

Nun hatte ich die Wahl, entweder nach Wołkowysk zurückzugehen, was aus Sicherheitsgründen undenkbar war, oder zu bitten, bleiben zu dürfen bis der Hausherr zurückkam. Falls mich die Frau aus Furcht vor einem unbekannten Mann nicht übernachten ließe, wäre ich in einer fürchterlichen Situation. Draußen im Frost auf den Bauern zu warten wäre, milde gesagt, höchst ungemütlich gewesen.

Aber ich hatte Glück. Die Frau hat mich ohne Bedenken eintreten lassen und mir sogar Essen vorgesetzt. Wir unterhielten uns noch ein wenig, und da es schon sehr spät war, hat sie mir meine Schlafkammer gezeigt. Nach einem so langen Marsch war der Strohsack das schönste Bett, das man sich unter diesen Umständen wünschen konnte, und ich schlief sofort ein. Morgens bekam ich ein Frühstück, und kurz vor Mittag kam schon der Hausherr.

Es war ein älterer Mann, so um die 60 Jahre. Man sah ihm an, daß er ein Leben lang schwere Landwirtschaftsarbeit verrichtet hatte. Nun mußte ich ihm meine Geschichte erzählen. Er schien irgendwie gar nicht sonderlich überrascht wegen meiner unerwarteten Ankunft und zeigte mir seinen Hof. Neben dem Wohnhaus stand ein Stall mit ein paar Kühen und Schweinen, etwas weiter entfernt eine Scheune mit aufgestapelten Getreidegarben.

Nun kam das Allerwichtigste: Der Mann war bereit, mich als Knecht aufzunehmen, und alles schien gut zu verlaufen. Ich wähnte mich schon in Sicherheit, als er am Mittag im Gespräch bemerkte, ich müsse mich im Dorf beim Bürgermeister im Wohnregister eintragen lassen. Eine Formalität, die unter normalen Umständen eine unbedeutende Sache wäre, wurde für mich zum Stolperstein.

Am nächsten Tag ging ich mit meiner präparierten Urkunde zum Bürgermeister, um mich anzumelden. Der Bürgermeister fragte gar nicht nach meinen Papieren. Er hörte sich meinen Wunsch nach Anmeldung an und sagte unbewegt: "In Ordnung, kein Problem, Sie müssen aber eine Abmeldung von Ihrem letzten Wohnort vorlegen!" Gut, sagte ich, ich würde gleich nach Wołkowysk zurückgehen und die Abmeldung holen.

Obwohl ich dem Bürgermeister gegenüber keine Regung zeigte, war ich niedergeschmettert. Ich wußte, daß dies nicht gut gehen konnte. Von wo sollte ich eine Abmeldung bekommen? Als man uns in Wołkowysk ins Kasernenlager hineingetrieben hatte, waren wir doch nirgendwo abgemeldet worden. Wir waren einfach keine Menschen, die man abmeldet oder amtlich anmeldet. Wir waren dem Tod geweiht und nach dem Erschießen oder Vergasen höchstens in einer Leichen-Statistik registriert.

Ich konnte doch nicht im Einwohnermeldeamt der Stadt Wołkowysk erscheinen und eine Abmeldung verlangen, während mein Platz das Kasernenlager und das städtische Gefängnis waren. Eine Abmeldung wäre gleichbedeutend mit dem Eingeständnis der Flucht aus der Arbeitskolonne, und die sofortige Erschießung wäre das einzige, was ich erwarten konnte.

Zuerst ging ich zu meinem Bauern zurück und erklärte ihm, daß ich nach Wołkowysk zurückgehen müsse, um meine Abmeldung zu holen. Ich verabschiedete mich angeblich für kurz, aber mir war klar, daß aus einer Anstellung hier nichts werden würde.

Ein einziger Gedanke ließ mich noch hoffen: Da Herr Siewaszewicz mir schon eine präparierte Urkunde ausgestellt hatte, ließe sich vielleicht auch eine Abmeldung besorgen, da sein Bruder Waclaw in der Stadtverwaltung arbeitete. Mir schien das alles zwar als sehr vage, aber ich sah keinen anderen Ausweg als wieder zu Herrn Siewaszewicz zu gehen und ihm meine Lage zu erklären.

Ich machte mich also auf den Weg nach Wołkowysk und teilte die Strecke so ein, daß ich am Abend in Wołkowysk ankommen würde, um nicht von Passanten zufällig erkannt zu werden. Nach etwa sieben Stunden Marsch war ich dort und ging geradewegs zu Herrn Siewaszewicz. Dort habe ich Waclaw angetroffen und ihm mein Problem erklärt. Er zeigte sich sehr erregt und ungehalten. Schon allein, daß Waclaw mich nicht per "du", sondern ganz offiziell mit "Sie" ansprach, machte mir klar, daß meine Chancen gleich Null waren. Er erklärte mir, daß von einem Abmeldeschein keine Rede sein könne, da er sich dadurch selbst in höchste Gefahr begebe. Dies war - zwar nicht ganz unerwartet – nun also wieder eine ausweglose Situation.

Ich beschloß, in Wołkowysk zu übernachten und am nächsten Tag noch bei Dunkelheit nach Białystok aufzubrechen. Die einzige Möglichkeit, eine Nacht zu verbringen, war bei meinem früheren Chef, Karol Urbanowicz, wo ich etwa 15 Monate bis November 1942 gearbeitet hatte. Als ich mich über Feldwege in das Gehöft von Urbanowicz eingeschlichen und angeklopft hatte, öffnete Herr Urbanowicz selbst die Tür. Als er mich sah, erschrak er sehr und sagte, ich solle mich so schnell wie möglich verstecken, weil Herr Siewaszewicz vor kurzem da gewesen sei, in der Hoffnung mich zu finden und entschlossen, mir die Urkunde wieder abzunehmen.

Das war verständlich, denn plötzlich war wohl Herrn Siewaszewicz klar geworden, daß ich mit seiner Urkunde durch die Gegend marschierte und versuchen würde, mich zu arrangieren. Dabei wäre nicht ausgeschlossen, daß ich irgendwo in eine Kontrolle geriete, wo sich nach einem Verhör herausstellen könnte, daß mein Dokument von ihm stammte. Das könnte ihn und seine Familie das Leben kosten. Es waren Fälle bekannt, wo polnische Familien für Hilfe an Juden mit dem Tode bestraft worden waren. Herr Urbanowicz fürchtete wohl seinerseits, daß ich ohne Papier nicht wagen würde weiterzugehen und womöglich bei ihm bleiben würde, was wiederum Lebensgefahr für Familie Urbanowicz bedeutete.

Herr Urbanowicz beschwor mich, so schnell wie möglich zu verschwinden, ehe Herr Siewaszewicz wieder auftauchen und mir mein Dokument abnehmen würde. Er gab mir einige belegte Brote, und ich ging in die Winternacht hinaus.

Es war zu spät, um irgendwohin zu gehen. Die Gefahr, von einer Patrouille gestellt zu werden, war zu groß. So ging ich wieder die Feldwege entlang und in einem großen Bogen auf das Feld hinter dem Haus Urbanowicz zurück. Auf dem Feld habe ich mich unter einem Holzgestell mit aufgeworfenem Kartoffelgrün verkrochen, das man über einer Kartoffelgrube aufgestellt hatte. Dort war ich fürs erste gegen den kalten Wind geschützt. Der Hofhund hatte aber den Eindringling gewittert und begann laut zu bellen. Das kam mir höchst ungelegen, und ich rief ihm leise zu: "Rex, Rex, ruhig Rex, komm, komm her!"

Als der Hund näher kam und mich erkannte, begann er mit dem Schwanz zu wedeln, hörte auf zu bellen und kam zu mir heran, um sich zufrieden an meine Seite zu legen. So lagen wir eine Zeitlang zusammen. Dann bin ich offenbar für eine Weile eingenickt, und als ich aufwachte, war der Hund verschwunden. Es war ihm wohl zu kalt, und er hatte sich in seine Hütte im Hof verzogen. Mir war kalt und mir war klar, daß das Einschlafen in diesem Frost den ewigen Schlaf bedeuten konnte.

Weit entfernt läutete eine Kirchenuhr. Ich hörte es 12 schlagen, dann 1 Uhr, 2 Uhr. Ich konnte es nicht länger im Feld aushalten. Meine Glieder waren schon eingeschlafen, und so entschloß ich mich, im Hof eine wärmere Ecke zu suchen, öffnete die Pforte und schlich mich an den Stallungen entlang. Mein guter Rex lag in seiner Hütte im Stroh. Im Mondschein konnte ich sehen, wie er den Kopf hob, mich ansah und wieder in Schlaf verfiel. Ich öffnete die Tür zum Kuhstall und ging hinein.

Eine wohltuende Wärme umhüllte mich. Die Kühe lagen oder standen angekettet an den Futtertrögen, manche kauten laut. In der Ecke links vom Eingang stand auf vier Holzbalken ein großer Käfig, in dem Hühner untergebracht waren. Unter dem Käfig war ein Hohlraum von ca. 80 cm Höhe und etwa 2 x 2 m groß. Dieser Hohlraum war mit Strohbündeln gefüllt, und da habe ich mich auf allen Vieren hineinverkrochen. Es war auf jeden Fall warm, und ich bin sofort eingenickt.

Als ich wach wurde, war es noch dunkel, man hörte aber schon die lauten Stimmen der Soldaten, die in der Schule gegenüber Urbanowicz einquartiert waren. Ich wollte noch bevor es hell wurde aus der Stadt Richtung Białystok aufbrechen.

Auf der Suche nach einem Ausweg

Ich verließ den warmen Stall und schlich mich durchs Feld aus der Stadt. Seit meiner Übernachtung im Stroh, hatten sich in meiner Wäsche Läuse eingenistet, die mich mindestens ein halbes Jahr plagten, und die ich erst in Deutschland durch eine Entlausungsaktion losgeworden bin.

Als erstes hatte ich mir vorgenommen, bei dem von Siewaszewicz empfohlenen Einöd-Bauern Halt zu machen, um dann nach einer Übernachtung weiter nach Białystok zu ziehen. Dieser Weg war ziemlich ziellos, denn ich wußte eigentlich nicht, wohin ich gehen und an wen ich mich wenden sollte. Ich hoffte auf ein Wunder, daß etwas geschehen würde, was mich irgendwo in eine sichere Bleibe brachte.

Ich marschierte festen Schrittes, um nicht wie ein Flüchtling aus dem Ghetto auszusehen. Es wurde inzwischen hell, und die Straße belebte sich. Häufig fuhren deutsche Militärwagen vorbei. Ich war darauf gefaßt, daß eine Kontrolle mich anhalten würde. Dafür war mein Dokument eine lebenswichtige Unterlage. Noch vor Mittag kam ich wieder an dem abgelegenen Bauernhof an und mußte mir nun etwas ausdenken, wie ich erklären konnte, daß ich keine Abmeldung bekommen hatte. Jedenfalls sagte ich, daß ich meine Meinung geändert hätte und zu jener Ortschaft gehen wolle, die als mein Geburtsort angegeben war. Ich bat, nur einmal übernachten zu dürfen, morgen würde ich weiterziehen. Der Bauer hat nichts gefragt, ich bekam zu essen, abends wurde mir das Schlaflager eingerichtet, am nächsten Morgen habe ich mich für die Gastfreundschaft bedankt und mich verabschiedet.

Ich marschierte Richtung Białystok, hatte aber überhaupt keine Vorstellung, wohin ich in Białystok gehen sollte. Aber es war ein sonniger Morgen, der ganze Tag lag vor mir, da konnte ich auf Unerwartetes hoffen. So ging ich die Landstraße entlang mit ein paar Brotschnitten in der Tasche. Unterwegs konnte ich zeitweise auf Fuhrwerken mitfahren, die Holzstämme transportierten. Dann ging ich wieder zu Fuß.

In den späten Nachmittagsstunden erblickte ich unweit der Stadt Waliły vor mir auf der Landstraße zwei Menschen, die sich auf mich zu bewegten. Als ich näher herankam, sah ich, daß es zwei Frauen waren, die raschen Schrittes in entgegengesetzter Richtung gingen. Hinter ihnen liefen zwei deutsche Soldaten mit Gewehren, die ihre Fahrräder die Straße hinaufschoben. Ich kreuzte zuerst die beiden Frauen, die schweigend an mir vorübergingen, dann die beiden Soldaten. Sie schauten mich an, folgten aber weiter den beiden Frauen. Als ich mich umdrehte, sah ich, wie die beiden Frauen von den Soldaten angehalten und ihre Papiere kontrolliert wurden. Ich wußte nicht, was das zu bedeuten hatte, ging weiter und versuchte Ruhe zu bewahren.

Ein paar Minuten später hörte ich Fahrradgeräusche. Die Soldaten waren zurückgefahren, hielten mich an und verlangten auch meine Ausweispapiere. Ich zog meine Urkunde in aller Ruhe hervor. Einer der beiden nahm sie und versuchte zu lesen. Er wunderte sich, daß die Geburtsurkunde als Ausweis am Tage der Geburt ausgestellt worden war und fragte mich, ob ich nicht noch einen anderen Ausweis hätte. Ich tat, als ob ich sie nicht verstünde, und dann beschlossen die beiden, mich mitzunehmen. Wir marschierten zusammen etwa 15 Minuten und kamen dann zu einem Bahnwärterhaus. Dort war die deutsche Patrouille anscheinend einquartiert.

Sie ließen mich draußen unter Aufsicht eines Wachsoldaten warten. Ich behielt absolute Ruhe, und während ich wartete, zog ich eine Brotschnitte aus der Tasche und aß in aller Ruhe. Um nicht als Flüchtling aufzufallen hatte ich keinerlei Gepäck bei mir. Ohnehin trug ich alles auf dem Leib, was ich besaß. Nach einer Weile kamen die beiden Soldaten mit einem Feldwebel oder Unteroffizier und in Begleitung eines polnischen Mädchens aus dem Bahnwärterhäuschen. Sie arbeitete vermutlich für die Soldaten und fragte mich, von wo ich käme und wohin ich ginge. Ich erzählte ihr eine erfundene Kurzgeschichte, die sie den Soldaten zu übersetzen versuchte. Obwohl mein Deutsch zu der Zeit schlecht war, konnte ich sofort feststellen, daß das ihre noch schlechter war und sie fast gar nicht deutsch verstand. Offenbar hat der Vorgesetzte der Soldaten, die mich hergebracht hatten, die Geduld verloren und sagte: "Bringt ihn zur Gestapo in das Städtchen, die werden ihn schon zum Sprechen bringen!"

Die Stadt Wałiły war von dem Militärposten im Bahnwärterhäuschen einige Kilometer entfernt. Als ich hörte, daß ich zur Gestapo gebracht werden sollte, dachte ich, das ist mein Ende und überlegte sofort, wie ich entkommen könnte. Dann aber nahm mein Schicksal eine unerwartete Wende. Das polnische Mädchen fiel dem Vorgesetzten um den Hals und bat ihn: "Hans, laß ihn doch gehen, er will doch nach Hause zu seiner Familie!" Sie sagte das auf polnisch, mit ein oder zwei deutschen Worten dazwischen. Ich bezweifle, daß der Deutsche sie verstanden hat, aber wer weiß schon, was in einem Menschen in einem solchen Augenblick vorgeht. War er dem Charme des Mädchens erlegen oder hat er keine Lust, während der Dämmerung in das entfernte Städtchen zur Gestapo zu gehen? Jedenfalls gab er mir mein Dokument zurück, und mit einer Handbewegung ließ er mich laufen.

Ich fühlte mich schon so sicher, daß ich noch die naive Frage stellte, wo ich denn hier übernachten könnte. Er hat nicht geantwortet und verschwand mit seinen Kameraden und dem Mädchen - der ich noch ein Dankeschön nachrufen konnte - im Bahnwärterhaus. Nun war ich wieder allein unterwegs, der unmittelbaren Gefahr fürs erste entkommen, aber vor mir lag die große Ungewißheit, was weiter? Wohin?

Ich machte mich auf den Weg Richtung Waliły. Mir schien, daß ich in der Stadt weniger Chancen hätte unterzukommen, verließ die Hauptstraße und bat in einem Bauernhof um eine Übernachtungsmöglichkeit. Natürlich habe ich wieder eine Phantasiegeschichte erzählt, daß ich nämlich auf dem Weg nach Hause sei, weit entfernt in der Wojewodschaft Kielce, wo mein fiktiver Geburtsort lag.

Der Bauer hörte sich meine Geschichte an, und man sah ihm an, daß er gar keine große Begeisterung für mich zeigte. Ich sagte, ich könne ihm helfen und berief mich auf meine Qualifikationen in der Landwirtschaft. Gott sei Dank hatte ich ja bei Urbanowicz eine 14-monatige Knecht-Erfahrung hinter mir, so daß ich diesem Beruf keine Schande gemacht hätte, falls ich einen Beweis hätte erbringen müssen. Sehr reserviert trat der Bauer von der Türschwelle zurück, ließ mich eintreten, lud mich zum Tisch und gab mir etwas zu essen. Dabei erzählte er, daß die Zeiten sehr gefährlich seien, man wisse nicht, wen man aufnehme. Es gebe in der Gegend Juden und Partisanen, die sich versteckten, und es sei lebensgefährlich, solchen Leuten Unterschlupf zu gewähren.

Ich war wie alle meine Leidensgenossen beim Einrücken in das städtische Gefängnis in Wołkowysk kahlgeschoren worden. Der Bauer schaute auf meinen glatt rasierten Kopf und sein Verdacht bestärkte sich beim Anblick eines Mannes, der wie ein Sträfling aussah. Abgesehen davon hatte ich mich seit der Flucht aus Wołkowysk am 12. Dezember 1942 nicht mehr gewaschen, nicht mehr die Wäsche gewechselt, nicht rasiert. Ich muß höchst verkommen ausgesehen haben, aber zum Glück habe ich in keinen Spiegel gesehen.

Ich versuchte, gleichgültig zu bleiben, während der Bauer seine Bedenken vorbrachte, die alle genau auf mich zugeschnitten waren. Von ihm erfuhr ich, daß die Partisanen vor ein paar Tagen einen Zug mit deutschen Soldaten überfallen hätten. Deswegen war ich wahrscheinlich auch in die Patrouille geraten. Das Theaterspielen machte mir Mühe, und ich war froh, als mir der Bauer meinen Schlafstrohsack zeigte und ich mich hinlegen konnte.

Am nächsten Morgen gab es ein Frühstück und danach half ich, den Kuhstall auszumisten. Anschließend verschnitt ich eine Menge Strohbündel in der Häckselmaschine zu Futter. Dann aber verabschiedete mich der Bauer, ich bekam ein paar Brotschnitten und befand mich wieder auf der Straße. Jedenfalls war ich ausgeschlafen, nicht hungrig und schöpfte neuen Mut.

Białystok und die Wende in Zaścianki

Bald lag Waliły hinter mir, und ich marschierte Richtung Krołowy Most, ein kleines Städtchen auf der Strecke nach Białystok. Außerhalb Krołowy Most begegnete mir eine Fuhrwerkskolonne, die mit Getreidesäcken unterwegs nach Białystok war. Ich bat einen Fuhrmann, mitfahren zu dürfen, und ich durfte aufsteigen. Langsam bewegten wir uns auf Białystok zu, und je näher wir kamen, desto unruhiger wurde ich. Ich war mir bewußt, daß ich kein Ziel hatte, keine Adresse, niemanden, wo ich auch nur vorübergehend hätte halt machen können. Dafür lauerten überall Gefahren. Ein herumirrender Mensch mußte sofort als Jude oder Waldpartisan auffallen. Beides war lebensgefährlich. Kurz vor der Stadt hielt die Wagenkolonne an, die anscheinend an ihrem Ziel angelangt war. Ich verabschiedete mich von dem freundlichen Fuhrmann und ging in die Stadt.

Trotz aller drohenden Gefahren war die Neugier auf die Stadt größer, und so ging ich immer weiter zur Stadtmitte. Białystok machte den Eindruck eines Militärlagers. Überall sah Militärpatrouillen mit Stahlhelmen, geschulterten Gewehren mit aufgepflanzten Bajonetten. Mitten in der Stadt stand eine riesige Plakatwand mit der Landkarte Europas, auf der all die Länder farbig hervorgehoben waren, welche die deutsche Wehrmacht erobert hatte. Darüber die Aufschrift: "Deutschland im Kampf um die Freiheit Europas"

Was diese Deutschen sich unter Freiheit vorstellten, spottete jedem gesunden Menschenverstand. Ein paar Schritte weiter sah ich in eine Seitenstraße. Weit hinten war quer durch die Straße eine Mauer gebaut, die das jüdische Ghetto von den übrigen Wohnvierteln abriegelte. Vor der Wand standen deutsche Wachen. Es lief mir kalt über den Rücken, als ich das sah, und ich dachte, daß eigentlich dort mein Platz sei. Aber wie lange noch, bis auch dieses Ghetto liquidiert würde? Wie ich später hörte, als ich in der Nähe schon bei einem Bauern arbeitete, hatte die verzweifelte Bevölkerung angesichts der Deportationen einen Aufstand versucht, der keine Chance auf Erfolg hatte und grausam niedergeschlagen wurde.

Als ich viele Jahre später und nach dem Kriege Białystok besuchte, kam ich an einen Platz, auf dem ein ausgebrannter Trümmerhaufen lag. Dieser war mit Backsteinen umgrenzt, und auf einer in die Trümmer eingegrabenen Tafel war zu lesen, daß hier eine Synagoge stand, in der die Deutschen 2000 Juden eingepfercht, das Gebäude mit Benzin übergossen und angezündet hatten. Im weiten Umkreis hatten SS-Soldaten mit Maschinengewehren gestanden und auf alle geschossen, die den Flammen zu entkommen versuchten. Solche Verbrennungen von Juden und anderen, den Deutschen mißliebigen Menschen bei lebendigem Leibe, waren in den besetzten Ostgebieten keine Seltenheit.

Nun spazierte ich mitten im Krieg durch Białystok, vorbei an vielen Wehrmachtspatrouillen, und plötzlich merkte ich, daß es zu dämmern begann. Der Tag ist Mitte Dezember kurz. Ich mußte aus der Stadt heraus und begann in aller Eile, Stadtzentrum zu verlassen. An der Peripherie waren die meisten Häuser einstöckig. Es gab Kleingewerbetreibende hier, einige Geschäfte standen leer. Da sich die Häuser schon zu lichten begannen, entschloß ich mich, bei einem Schustermeister anzuklopfen.

Ich ging rein, zog die Mütze und sagte: "Gelobt sei Jesus Christus!" Der Schuster hob den Blick von dem in seinem Schoß liegenden Schuh, seine beiden Gesellen blickten ebenfalls auf, und alle betrachteten mich mit Neugier. Mein glattrasierter Kopf hat wohl sofort bestimmte Zweifel geweckt. Sie waren von meiner frommen Begrüßung überhaupt nicht beeindruckt. Ich fragte, ob ich übernachten könnte, ich sei auf dem Wege nach Hause bei Kielce und so weiter. Der Schuster begann sich herauszureden, er habe keinen Platz, und im übrigen seien die Zeiten sehr unsicher und gefährlich. Partisanen und andere Flüchtlinge irrten durch die Gegend, und man wisse nicht, wen man aufnehme. Er gab mir jedoch den Rat, ins nächste Dorf zu gehen. Der Bürgermeister sei verpflichtet, einen Durchwanderer, der sich ausweisen könne, für eine Nacht unterzubringen: "Gehen Sie nach Zaścianki, ins nächste Dorf!" Ich sah, daß hier nichts zu machen war, hatte aber wenigstens einen Hinweis erhalten, wohin ich gehen konnte.

Draußen war es mittlerweile schon dunkel geworden. Ich ging Richtung Zaścianki, das waren einige Kilometer. Wieder erwischte ich ein Fuhrwerk und durfte aufsitzen. Der Fuhrmann, ein junger Bursche, hat mich freundlich mitgenommen. Er fuhr langsam und aß ein Stück Brot. Ich hatte Hunger und bat ihn, mir ein Stück Brot zu schenken. Er brach die Hälfte von seiner Schnitte und gab sie mir. Doch das Stückchen Brot hat mir den Hunger erst richtig hochkommen lassen.

Nach einer halben Stunde kamen wir zu der Stelle, wo ein Feldweg nach Zaścianki abbog. Ich verabschiedete mich, bedankte mich fürs Mitnehmen und der Fuhrmann fuhr weiter. Da stand ich nun am finsteren Abend auf einem Feldweg, der geradewegs nach Zaścianki führte. Am Rande der Straße ragte ein riesiges Kreuz in den dunkeln Himmel. In der Ferne, wo einige Lichter leuchteten, lag Zaścianki, das zum schicksalhaften Wendepunkt für mich werden sollte. Der Weg war frei, von weitem hörte ich Hundegebell. Die frühe Nacht war still, nur der Schnee knirschte unter meinen Stiefeln.

In Zaścianki mußte ich den Bürgermeister ausfindig machen. Als ich zu den ersten Häusern des Dorfes kam, klopfte ich an eine Tür. Eine junge Bäuerin öffnet und eine angenehme Wärme kam mir entgegen. Die junge Frau war gerade dabei, Kartoffelplätzchen zu backen, und ein herrlicher Duft stieg mir in die Nase. Ich fragte, wo der Bürgermeister wohne, und sie beschrieb mir den Weg. Dankend drehte ich mich um, aber der Hunger war so groß und der Duft so verführerisch, daß ich sagte: "Würden Sie mir bitte ein Plätzchen schenken?" Sie sah mich mit großen Augen an, ging zum Kochherd zurück und brachte mir einige Plätzchen.

Mühelos fand ich das Haus des Bürgermeisters fand ich ohne Probleme, ging hinein und bat um eine Übernachtung. Der Bürgermeister fragte nach meinen Papieren, und ich gab ihm meine Geburtsurkunde. Er las sie durch, legte sie in einen Schrank und sagte, er werde mich zu einem Haus führen, wo ich übernachten könne. Wir gingen hinaus, und nach ein paar hundert Metern betraten wir das Bauernhaus der Familie Golembiowski.

Im Zimmer befand sich der alte Herr, sein Sohn mit Frau und drei Kindern, alle wohnten hier zusammen. Der Bürgermeister überließ mich der Familie und ging. Dann wurde mir ein Essen aufgetischt, und danach wurde ich neugierig über alles mögliche ausgefragt. Es war sehr mühsam für mich, nicht in Antworten zu verfallen, die den Eindruck erwecken könnten, ich hätte etwas zu verbergen, und zu verbergen war, weiß Gott, vieles. Es war spät, als die Familie das Wohnzimmer verließ und mir ein Schlaflager im Zimmer auf dem Fußboden hergerichtet wurde. An diesem langen Abend hatte sich ein Nachbar dazu gesellt, der sich seine Gedanken über mich machte.

Arbeit und Schutz auf dem Bauernhof

Am nächsten Morgen nach dem Frühstück kam dieser Nachbar, trat an mich heran und fragte schüchtern und verlegen, ob ich nicht hier bleiben wolle, um bei ihm in der Landwirtschaft zu arbeiten. Ich könne bei ihm wohnen, hätte volle Verpflegung und 30 Reichsmark im Monat. Als ich das hörte, war ich sprachlos. Woher konnte er wissen, daß ich überhaupt kein Ziel vor mir hatte und das Herumirren früher oder später in den Tod führen mußte?

Ich konnte nicht zeigen, wie froh ich war, diesen Vorschlag zu hören. Plötzlich war ich geborgen, hatte einen sicheren Platz zum Arbeiten, Wohnen, Leben. Zuerst opponierte ich, sagte, daß dies leider nicht gehe, ich wolle so schnell wie möglich zu meinen Verwandten in Kielce. Er redete jedoch weiter auf mich ein, bat mich, wenigstens für eine kurze Zeit zu bleiben und versicherte mir, ich würde es gut bei ihm haben. Darauf habe ich zögernd zugesagt mit der Erklärung: "Ja, eigentlich kann es nicht schaden, etwas Geld für die Weiterreise zu verdienen." Innerlich zersprang ich fast vor Freude über diese unerwartete Wende, mußte jedoch nach außen Gleichgültigkeit demonstrieren.

So führte mich mein neuer Chef, Wincenty Puchalski, zu sich nach Hause und stellte mich seiner Mutter vor, eine herzensguten Frau, wie sich bald zeigen sollte. Herr Puchalski lebte mit seiner Mutter allein. Er war etwa 28 Jahre alt und nicht verheiratet. Anscheinend hat ihm das Herumsitzen bei Freunden im Dorf mehr Spaß gemacht als die Arbeit in Scheune und Stall. Er lud mich zu einem Umtrunk ein. Wodka und verschiedene seltene Dinge wie Wurst, Speck, Schinken usw. wurden aufgetragen. Danach führte er mich zu seinem Kleiderschrank, zeigte mir die gesamte Garderobe und bot mir an zu nehmen, was immer ich wolle. Er führte mich in die Scheune und zeigte mir, was da zum Dreschen lag. Rechts war die Scheune angefüllt mit Weizen- und Roggenbündeln, links Hafer und Gerste. Er gab mir einen Dreschflegel, sagte ich könne sofort beginnen, zunächst mit dem Weizen, dann den Roggen und das andere Getreide dreschen, dann ließ er mich allein.

Draußen schneite es, alles war in Weiß gehüllt. Es war wunderbar ruhig rund herum. Ich stand mit dem Dreschflegel auf dem Scheunenboden und war unendlich glücklich. Hier wollte mich niemand verfolgen oder nach mir fahnden. Ich dankte dem lieben Gott für diese Fügung. Dann legte ich mich ins Zeug und begann zu arbeiten. Dreschen mit dem Dreschflegel konnte ich gut, das hatte ich bei Urbanowicz in Wolkawysk gelernt, und das war jetzt der denkbar beste Beruf. So vergingen die Tage jetzt nach einem geordneten Plan. Ich arbeitete in der Scheune, die Arbeit wurde nur vom Ruf von Wincentys Mutter unterbrochen: "Bronislaw, bitte zum Mittagessen!"

Es war der 15. Dezember 1942 als ich bei den Puchalski angekommen war. Die Tage vergingen. An der Scheune vorbei führte ein Eisenbahngleis. Es rollten oft Züge mit Soldaten nach Osten. Fröhliche, lachende Gesichter schauten aus den Fenstern. Es tobte die Schlacht um Stalingrad,[11] und es sickerten bereits Nachrichten durch, wonach es den Deutschen schlecht ging. Die 6. Armee war eingekesselt, und alles wies darauf hin, daß ihre Lage katastrophal war. Die deutschen Niederlagen waren Hoffnung für mich, und nicht nur für mich, wahrscheinlich für Millionen Menschen in ganz Europa. Leider aber ließ das Ende Hitler-Deutschlands noch lange auf sich warten.

Weihnachten näherte sich, und die Familie Puchalski samt Nachbarn nahmen mich mit in die Kirche zu sogenannten "Rorate"-Gebeten.[12] Ich mußte sehr aufpassen, um diesen Bräuchen nicht mit Unkenntnis zu begegnen, und um ja nicht den Verdacht aufkommen zu lassen, sie nicht zu kennen. Um nicht aufzufallen ging ich fast jeden Sonntag zur Messe. Die Predigt bezog sich immer nur auf die Lesung aus dem Evangelium. Ein Hinweis für die Bevölkerung, wie sie sich zu verhalten hatte oder gar Hilfe für die verfolgte jüdische Bevölkerung zu leisten, war in der Kirche nicht zu hören. Dort waren Verfolgung

[11] 12. September 1942 – 2. Februar 1943.

[12] Adventsmessen der katholischen Kirche: "Rorate coeli..." – "Tauet Himmel..." (Jesaja 45,8).

und Vernichtung der Juden in Polen kein Thema. Es war kirchlicherseits keine Mahnung und kein Protest zu vernehmen. Trotzdem gab es Beispiele des menschlichen Verhaltens und auch der Hilfe für Juden seitens der polnischen Bevölkerung.

Herr Puchalski hat mich nach einiger Zeit eingeweiht, daß er für den Eigenbedarf versteckt ein Schwein mästete. Eigentlich mußte alles Vieh registriert und den Behörden gemeldet werden, denen die Entscheidung über die Ablieferung von Vieh an das Amtskommissariat oblag. Unser Schwein hatte schon vor Weihnachten ein ansehnliches Gewicht und wurde in der Nacht geschlachtet. Zum Schlachtfest wurde der Ortspfarrer eingeladen. Da auch Wodka von der eigener Schwarzbrennerei vorhanden war, gab es mitten im Krieg ein großes Fest.

An einem Sonntag unternahm ich sogar einen Ausflug nach Białystok in die Stadt und ging ins Kino. Gezeigt wurde "Wiener Blut" mit Johannes Heesters. Es hatte sich im Dorf herumgesprochen, daß ich im Kino war. Eines Tages sollte ich mit sechs Kindern aus der Nachbarschaft ins Kino marschieren, und zwar zu einem Jugendprogramm auf Bitte der Nachbarn. Ich habe das jedoch abgelehnt, weil das Risiko zu groß war, erkannt zu werden.

Irgendwann im Januar wurde eine Anmeldeaktion für neue Personalausweise an die Bevölkerung gestartet. Man mußte mit Ausweis ins Amt gehen, wo alle auch befragt wurden. Hier vermutete ich ein Problem. Würden meine dürftigen Angaben genügen, um einen Paß zu erhalten? Würden sich auch keine Schwierigkeiten ergeben? Würde ich nicht im Netz der Befragungen hängen bleiben?

Mit Erleichterung habe ich all diese Hindernisse passiert und konnte in der nächsten Zeit den Erhalt eines Personalausweises erwarten. Mit einem solchen Dokument und ständigem Aufenthaltsort wäre ich ziemlich gut eingerichtet.

Aber es sollte anders kommen. Ein ehemaliger Angestellter des Gemeinderats, ein gewisser Herr Zwolinski, war nach dem Kriege von September 1939 als ehemaliger polnischer Kriegsgefangener Landarbeiter in Deutschland und nun auf Urlaub nach Zaścianki gekommen und hatte anscheinend Kontakt mit seiner Arbeitsstelle aufgenommen, wo jetzt ein deutscher Amtskommissar[13] amtierte.

---

[13] 1941-1944 war in Grodno eindeutscher Amtskommissar für die Zivilverwaltung der Region Białystok zuständig; dazu u.a. Christian Gerlach, Kalkulierte Morde – Die deutsche Wirtschafts- und Vernichtungspolitik in Weißrußland 1941-1944. Hamburg 2000.

Zur Landarbeit nach Deutschland

Herr Zwolinski war als Kenner der Gemeinde sicher ein begehrter Angestellter, und er konnte vielleicht wieder in die Heimat, zurückkehren, wenn er jemanden als Ersatz nach Deutschland schicken konnte, um seine Stelle bei einem Bauern in Thüringen zu übernehmen. Zur Erklärung muß gesagt werden, daß alle polnischen Kriegsgefangenen zwei Jahre nach Gefangennahme zu Zivilarbeitern erklärt und als solche zum Einsatz in der Landwirtschaft eingeteilt wurden.

Nun suchte Herr Zwolinski jemanden, der für ihn nach Deutschland fahren würde. Er mußte erfahren haben, daß sich im Dorf ein dahergelaufener Knecht ohne Familie aufhielt und fragte meinen Chef, ob ich nicht bereit sei, nach Deutschland zu fahren. Mein Chef erzählte mir davon, hatte es jedoch selbst abgelehnt. Herr Zwolinski wollte die Bereitwilligkeit mit einem Paar Schuhe und einem Fahrrad belohnen, was ziemlich lächerlich war. Die Zeit verging, und die Urlaubszeit von Herrn Zwolinski ging zu Ende. Was später geschah, mußte von ihm inszeniert gewesen sein.

Am 25. März 1942, als ich gerade mit dem Pferdegespann auf dem Felde akkerte, kam Herr Puchalski zu mir aufs Feld, sehr aufgeregt und zeigte mir eine Vorladung zum Amtskommissar, die auf meinen Namen eingegangen war. Der Text lautete nach meiner Erinnerung: "Der Bronislaw Karkos hat sich am 26. 03.1942 beim Amtskommissar zu melden. Falls der Aufforderung nicht Folge geleistet wird, wird er unter Polizeigewalt zugeführt." Ich lehnte mich an den Pflug, da mir Todesangst in die Knochen fuhr.

Weder ich noch Puchalski ahnten, was das bedeuten sollte. Warum wurde ich zum Amtskommissar gerufen? Hatten die etwas entdeckt oder über mich erfahren? Ein Verhör würde ich sowieso nicht überstehen, und dann war es aus. Die wildesten Gedanken gingen mir durch den Kopf. Herr Puchalski sagte: "Wenn du nicht hingehen willst, dann versuche, dich zu den Partisanen durchzuschlagen; auf mich nehme keine Rücksicht." Schon dieser Rat zeigte, daß er auch an das Schlimmste dachte.

Sich zu den Partisanen durchzuschlagen, war leichter gesagt als getan. Man konnte schneller in die Hände einer deutschen Militärpatrouille fallen als zu den Partisanen zu gelangen. Wenn jemand von den Deutschen im Wald gestellt wurde, machten sie kurzen Prozeß und erschossen ihn sofort. Die Partisanen führten schließlich kein Rekrutierungsbüro im Wald, wo man einfach hingehen und sich melden konnte.

Ich hatte schon keinen Mut mehr und auch keine Lust zum Weiterarbeiten. Also ackerte ich noch das Feld zu Ende, spannte die Pferde aus dem Pflug an den Wagen und fuhr nach Hause. Das Mittagessen wollte mir im Halse stecken bleiben. Am Abend kam Puchalski nach Hause und erklärte, er wisse nun, was die ganze Geschichte zu bedeuten habe. Zwolinski habe veranlaßt, daß man mich kommen lasse, und ich würde wahrscheinlich nach Deutschland fahren müssen, damit er nach Hause entlassen würde. Da fiel mir ein Stein vom Herzen, denn das war immer noch besser als die Einlieferung ins Ghetto.

Am nächsten Morgen ging ich zum Amtskommissar, zwar etwas erleichtert, weil ich wußte, worum es ging, aber doch recht aufgeregt. Man führte mich ins Zimmer des Amtskommissars. Dort saß hinter einem großen Schreibtisch ein gut genährter, sauber rasierter, kurzgeschorener deutscher Beamter in Uniform mit gesunder Gesichtsfarbe. Hinter ihm an der Wand hingen eine Hakenkreuz-Fahne und ein Bild von Adolf Hitler. In der Ecke saß eine Sekretärin oder Assistentin, die - wie sich herausstellte - Deutsch und Polnisch sprach.

Der Amtskommissar schaute mich freundlich an, stellte ein paar Fragen zur Person und ob ich zu der "Paßportisierung" vorstellig würde. Das konnte ich bejahen. Er schien zufrieden mit meiner Präsentation, denn er fragte plötzlich über die Dolmetscherin: "Möchtest du zur Arbeit in der Landwirtschaft nach Deutschland fahren?"

Aus Sicherheitsgründen durfte ich nicht Deutsch sprechen können. Ein polnischer Knecht, der deutsch sprach, wäre höchst ungewöhnlich und verdächtig. So sagte ich schüchtern: "Nein, mir gefällt es auch hier sehr gut."

"Ja, aber in Deutschland ist alles prima, viel schöner!"

"Das glaube ich", sagte ich, "wenn der Krieg zu Ende ist, werde ich gerne dorthin zu Besuch fahren."

Die Dolmetscherin ahnte wohl schon, wie die Reaktion auf meine Erklärung ausfallen würde, denn sie sagte still, aber entschieden zu mir: "Reden Sie keinen Unsinn!"

Der Amtskommissar verstand zwar nicht, was sie sagte, fragte daher: "Was hat er gesagt?", und als sie ihm meine Worte übersetzte, explodierte der Deutsche. Er stand auf und schrie mich an: "Du fährst nach Deutschland und keine Widerrede!"

Darauf rief er einen Beamten ins Zimmer und übergab mich seiner Obhut. Der Beamte führte mich befehlsgemäß ins Durchgangslager des Arbeitsamtes der Stadt Białystok. So wie ich stand wurde ich abgeführt. Mein guter Herr Puchalski brachte mir ein Kistchen mit Sachen und Eßwaren direkt ins Lager, verabschiedete sich von mir mit Handkuß, was mich in Verlegenheit brachte.

Er mußte dann das Lager verlassen. Somit war die Episode Zaścianki nach drei Monaten abgeschlossen. Was vor mir lag, war wieder ungewiß.

Gefährliche letzte Kontrollen

Im Lager wurden immer wieder Jugendliche aus der polnischen Bevölkerung eingeliefert zwecks Abtransport zur Arbeit in der deutschen Landwirtschaft und Industrie, um die Arbeitskräfte zu ersetzen, die an die Front waren. Es war dort sogar gemütlich, wenn man von der besonderen eigenen Lage einmal absah. Wir wurden verpflegt, zum Schlafen standen Feldbetten bereit, und mancher hatte eine Mundharmonika bei sich. Das Lager wurde zwar von deutschen Soldaten bewacht, aber die Insassen kümmerte das nicht sonderlich, und eine direkte Gefahr bestand nicht, da man doch zum Arbeitseinsatz nach Deutschland vorgesehen war. Die Wachen kamen sogar ins Gespräch mit uns.

Schon damals ist mir aufgefallen, welche Verachtung die Soldaten den SA-Bonzen der Zivilverwaltung[14] gegenüber empfanden. Einige hundert Meter entfernt in Sichtweite war eine Baracke mit den braun gekleideten SA-Funktionären. Ein Wachsoldat zeigte mit einer Kopfbewegung auf diese und murmelte die verachtungsvolle Äußerung: "Die Schweine dort führen ein schönes Leben weit im Hinterland, an der Front sieht man sie nicht!" Für mich war das eine ermunternde Erfahrung. Die deutsche Wehrmacht war also nicht so einig und geschlossen, wie man annahm, sondern es bestanden durchaus Konflikte.

Am dritten Tag wurden alle zu einer ärztlichen Untersuchung geführt. Alle mußten sich ausziehen, und ganz nackt warteten wir, eine Meute nackter junger Burschen, aufgereiht von mehreren Rotkreuzschwestern, die offensichtlich diesen Anblick gewöhnt waren. Dann hieß es, einzeln zum Militärarzt vortreten. Ich genierte mich etwas und hielt meine Aufforderung zur Meldung beim Amtskommissar vor mich. Das sollte mich schützen vor Blicken, die etwas Ungewöhnliches entdecken konnten, was mich sicher aus dem Leben befördert hätte.

So trat ich vor den Arzt. Er war ausgerechnet von der Waffen-SS. Er schaute mich von oben bis unten an, schaute mir in den Mund, fragte, ob ich irgendwelche Krankheiten gehabt hätte in der Vergangenheit. Eine Rotkreuzschwester übersetzte die Fragen. Aber wie er mich sah, in bester körperlicher Verfassung, gab es nicht viel zu fragen. Er blickte unterhalb meiner Gürtelli-

---

[14] Z.B. Amtskommissare

nie und griff nach dem Papier, das ich in meinen gefalteten Händen hielt und das mich bis jetzt erfolgreich geschützt hatte. Er faltete das Papier auseinander und fragte: "Was ist das?" Ich antwortete nicht, weil er das Schreiben schon überflogen hatte, das für ihn ohne Bedeutung war. Er gab es mir mit gelangweilter Miene zurück: "Weiter!"

Ein Stein fiel mir vom Herzen, ich fühlte mich sehr erleichtert, bis eine weitere Kontrolle auftauchte, die wieder größte Gefahr bedeutete und bei mir wieder alle Alarmglocken läuten ließ. Im Eingang zum Ankleideraum stand ein "Cerberus" aus der hiesigen Bevölkerung und schaute jeden genau an jener Stelle an, die ich bei mir durch das Vorladungspapier zuvor hatte verstecken wollen. Da sagte ich mir: "Lieber Gott, Dein Wille geschehe!" Ich hatte die Augen offen, aber ich sah nichts um mich herum. Ich ging und wartete, daß mich der Kerl packen und aus der Reihe zerren würde. Nichts dergleichen geschah. Ich kam wieder zu mir, als ich - ohne daß etwas passiert war - meine Kleider nahm und mich anzuziehen begann.

Am nächsten Tag erhielt ich einen sogenannten "Überweisungsschein" zum Arbeitseinsatz in Deutschland. Darin stand bereits die Adresse, bei der ich mich zu melden hatte: Landwirt Hugo Kolbe in Illeben bei (Bad) Langensalza, Kreis Gotha in Thüringen.

Das war für mich die Bestätigung, daß Zwolinski die ganze Geschichte in Gang gesetzt hatte, denn es war dieselbe Adresse, wo er gearbeitet hatte und von wo er in Urlaub nach Zaścianki gekommen war. Irgendwie war ich nicht einmal böse auf ihn. Ich spürte, daß es so besser für mich war.

Eine Position dieser Überweisung hat mich besonders beschäftigt und Zweifel an der so hochgepriesenen deutschen Gründlichkeit aufkommen lassen. Es stand da nämlich, neben meinen Personalangaben und der Zieladresse, der Vermerk "politisch überprüft". Das war bestimmt eine Routineeintragung, denn wenn sie mich überprüft hätten, wäre sehr schnell meine Herkunft festgestellt und ich aus den Reihen der Lebenden eliminiert worden.

Von Białystok nach Illeben in Thüringen

Am 31. März 1943 wurde ich zum Bahnhof nach Białystok gebracht und mit einer Fahrkarte in einen Zug nach Allenstein-Bromberg-Schneidemühl-Berlin-Halle-Leipzig-Gotha gesteckt. Es war ein ganz normaler Personenzug, in dem Zivilpersonen saßen und Frontsoldaten, die in den Urlaub nach Hause fuhren. In Allenstein (Olsztyn) mußte ich umsteigen. Im Bahnhofsgebäude waren sehr viele Menschen. Ich drängte mich durch zum Büffet, um etwas zu trinken zu kaufen. Der Verkäufer fragte mich lautstark: "Eine Brause für Sie!" Von mir aus konnte es Brause sein. Seitdem wußte ich, daß "Brause" ein populäres kohlensäurehaltiges Süßgetränk war.

Von Allenstein aus ging es in einer Nachtfahrt über Bydgoszcz (Bromberg), Pila (Schneidemühl), Kostrzyn (Küstrin) nach Berlin. Dort kam ich am nächsten Vormittag an und mußte vom Schlesischen Bahnhof zum Potsdamer Platz und Potsdamer Bahnhof umsteigen. Obwohl ich selbst in der Großstadt Warschau geboren und aufgewachsen bin, kam ich mir in der Riesenstadt Berlin wie ein kleines hilfloses Würmchen vor. Mit meinem Holzkoffer, meiner Pelzjacke, hohen Stiefeln und der polnischen Militärmütze sah ich bestimmt aus wie aus einer anderen Welt.

Irgendwo zwischen dem Schlesischen und dem Potsdamer Bahnhof mußte ich die U-Bahn benutzen. Da ich nicht sicher war, welchen Zug ich nehmen sollte, zeigten mir die Leute, wo ich einzusteigen hatte. Ich war nicht schnell genug, denn die Türen schlossen automatisch und knallten auf meinen Holzkoffer, der noch halb draußen hing. Die Leute schauten mich an und fragten sich sicherlich, was ich für ein Sonderling aus Osteuropa war.

Ich kam schließlich am Potsdamer Bahnhof an und stieg in den Zug nach Weimar. Am Bahnhof waren sehr viele Reisende, darunter Soldaten. Rotkreuzschwestern schenkten den Soldaten Tee aus. Militärpatrouillen marschierten auf und ab. Der Krieg war allgegenwärtig. Die Stadt war damals noch nicht sonderlich von Bomben beschädigt, doch das sollte noch kommen.

Ich stieg in das Zugabteil ein und betrachtete interessiert die neue Welt um mich herum. Später stiegen einige junge Mädchen dazu, die fröhlich lachten und laut redeten. Als der Zug sich in Bewegung gesetzt hatte, überwältigte mich der Schlaf, schließlich war ich schon 24 Stunden unterwegs. Ich kämpfte vergebens dagegen an. Als ich eine Weile so hin und her geschaukelt war, senkte sich mein Kopf auf die Schulter des Mädchens, das links von mir saß. Ich merkte es erst, als ich nach längerer Zeit wieder erwachte. Alle begannen laut zu lachen, und ich entschuldigte mich, so gut ich konnte.

Ein wenig später, als ich im Korridor durchs Fenster sah, kam eine Polizei- oder Militärkontrolle vorbei und kontrollierte die Papiere der Reisenden. Ich stand ruhig da und ließ die Soldaten an mich herankommen. Einer sagte: "Ausweis!" Ich ging ins Abteil, holte meinen Überweisungsschein, immerhin vom SD ausgestellt. Meine präparierte Geburtsurkunde war ohnehin nicht mehr gefragt, und jetzt konnte ich ein deutsches Dokument vorzeigen. Aber dieses Dokument war für die Wächter der Ordnung anscheinend nicht genug. Sie waren nicht zufrieden und schrieen: "Ausweis – Paßport!" Meine beste Waffe in diesem Falle war mit den Achseln zu zucken. Deutsch mußte ich nicht verstehen, und so murmelte ich nur in fürchterlich gebrochenem Deutsch: "Fahren Arbeit, das ist Dokument." Die Wachen schauten mich an, betrachteten meine polnische Militärmütze und verloren die Geduld. Der eine gab mir meinen Überweisungsschein zurück, der andere machte eine geringschätzige Handbewegung, dann gingen sie weiter, um andere Abteile zu kontrollieren.

Damals war ich schon ziemlich sicher und ruhig. Viel mehr Bedenken hatte ich, wie sich das Zusammenleben mit den vielen Polen, Ukrainern und Russen im Ankunftsort gestalten würde. Dort sah ich viele Gefahren und wie sich herausstellen sollte, mit Recht.

Von Weimar fuhr ich über Erfurt nach Gotha. Hier mußte ich wieder umsteigen, wie man mir sagte, um nach Langensalza zu gelangen, ein kleines, sauberes Städtchen, ca. 5 km von Illeben - meiner Zieladresse - entfernt. Ich erkundigte mich nach dem Weg. Ob eine Autoverbindung bestand, wußte ich nicht. 5 km sind ja schließlich nicht viel, und so machte ich mich zu Fuß auf den Weg. Obwohl der Koffer nicht viel enthielt, wurde er zusehends schwerer. Ab und zu ruhte ich aus, bevor ich durch die weitflächige Landschaft weitermarschierte. Die Straße war asphaltiert, zu beiden Seiten standen Obstbäume.

Leben in Illeben nicht ohne Probleme

Endlich kam ich in Illeben an, ein kleines Dorf mit gediegenen Bauernhäusern und Gehöften. Jeder Hof war mit einem Holzzaun umgeben, und durch ein Tor gelangte man in einen abgeschlossenen Bauernhof, ringsum von Stallungen und Scheunen umgeben. Ich fragte nach dem Hof von Hugo Kolbe.

Dort angelangt, klopfte ich an der Tür, da stand schon Herr Kolbe vor mir, ein großgewachsener, kräftiger Bauer. Nachdem ich mich vorgestellt hatte, sagte er zu meinem großen Erstaunen, er habe schon einen Ersatzmann für Stanislaw Zwolinski. Ich traute meinen Ohren nicht. Was sollte das bedeuten? Sollte etwa die ganze Reise umsonst gewesen sein und ich zurückfahren müssen? Weit gefehlt. Herr Kolbe ließ mich eine Weile bei sich warten und ging zu einem Nachbarn, der ein großes Gut hatte und sofort bereit war, mich aufzunehmen, wie ich erfuhr. Herr Kolbe holte mich und führte mich zu ihm.

Mein neuer Chef und Großbauer hieß Kurt Schönau, und bei ihm sollte ich für die nächsten neun Monate bleiben, wie sich später herausstellte. Es war der 1. April 1943 - und kein Scherz.

Ich war angekommen und untergebracht im ersten Stock eines Traktorschuppens. Unter mir stand der Traktor, in einer bescheidenen Kammer darüber habe ich Einzug gehalten. Durch Schlitze im Fußboden konnte ich den Traktor sehen. Es gab keine Heizung im "Zimmer ", aber daran habe ich mich gewöhnt. Außer dem Bett und einem Tischchen mit einem Stuhl und einem kleinen Schrank gab es nichts an Gemütlichkeit. Ich habe das aber nicht als störend empfunden. Meine Hauptsorge war zu überleben.

Bei Herrn Schönau arbeitete bereits ein französischer Kriegsgefangener namens Etienne, der in einem Lager mit anderen Kriegsgefangenen wohnte, und außerdem ein Ehepaar Bronislaw und Maria Lysakowski aus der Gegend von Lublin. Dazu noch ein ukrainisches Mädchen, das auch Maria hieß. Alle diese Ausländer hatten ein Eßzimmer für sich, es wurde also nicht zusammen mit der "Herrschaft" gegessen.

Herr Schönau war ein großgewachsener Mann, und auch sein Landbesitz war groß, so daß er mit der Verwaltung des ganzen viel Arbeit hatte. Frau Schönau war eine vornehme, gepflegte ältere Dame, die sich meist um den Haushalt kümmerte. Ein Sohn war eingezogen an der Front und ein anderer zu Hause, und obwohl im Kriegsdienstalter, war er aus irgendwelchen Gesundheitsgründen wehr-untauglich.

Am nächsten Tag hatte ich meinen ersten Arbeitseinsatz auf dem Feld, wo Etienne eine Fuhre Mist entladen hatte, die ich verstreuen sollte. Es war kühl und naß draußen, sehr ungemütlich, aber das hat die Landwirtschaft eben so an sich, daß man bei jeder Witterung draußen arbeiten muß. Abends am Eßtisch lernte ich meine zukünftigen Arbeitskameraden kennen. Da man die Landarbeit gemeinsam verrichtete, ging es doch ein wenig kameradschaftlich zu.

Nach dem Abendessen traf man sich in der Wohnstube eines Kameraden, der von seinem Bauern eine Wohnung außerhalb des Hofes erhalten hatte, wo der Zugang unproblematisch frei war. Meistens beschäftigte man sich mit Kartenspielen oder Gesprächen über alles mögliche, einschließlich Politik und Lage an den Fronten.

Es war das Jahr, in dem die Alliierten ihre Bombenangriffe auf deutsche Städte immer mehr intensivierten. Im Sommer konnten wir beobachten, wie die Stadt Kassel brannte, über 100 km entfernt. Das war für uns immer ein ermutigendes Schauspiel. Wußten wir doch, daß die Bombardements den Zusammenbruch Deutschlands beschleunigen und uns die Freiheit bringen würden.

Der Sommer verging, die Ernte- und Dreschzeit kam. Gedroschen wurde hier nicht mit dem Dreschflegel, sondern mit einer großen Dreschmaschine. Das Wegschaffen der Säcke mit dem ausgedroschenen Getreide war jedoch eine tagelange, enorme körperliche Anstrengung. Während ein Sack Getreide die Treppen hoch auf den Speicher getragen wurde, ca. 50-60 kg schwer, war an der Maschine der nächste Sack bereits voll und zum Wegtragen bereit. Nach acht Stunden Arbeit an der Maschine war man total erschöpft und hatte nur den einen Wunsch, sich hinzulegen und auszuruhen.

Trotz aller Mechanisierung war die Arbeit schwer. Ob es Mähen, Stroh- und Getreidebündel auf den Wagen laden oder Mist aufladen und im Felde verstreuen oder Kartoffelverladen war, alles verlangte sehr viel Kraft. Möglicherweise hat diese Arbeit mich auch kräftiger gemacht. Ich fühlte mich gut, und die Arbeit hat mir keinen Schaden zugefügt.

Der Kollege, bei dem wir uns nach der Arbeit trafen, hieß Stanislaw Ziulkowski. Er war ein Bauer aus Zentralpolen, ein einfacher Mann, aber von ausgesprochenem Taktgefühl und persönlichem Anstand. Wir haben uns im Laufe der Zeit angefreundet. Er war ursprünglich Kriegsgefangener, wurde später aber durch deutschen Erlaß zum Zivilarbeiter gemacht.

In den umliegenden Dörfern gab es Kameraden, die den gleichen Status hatten, und in Aschara war sogar auch ein jüdischer Kriegsgefangener zum Zivildienst überschrieben. Dieser Mann hatte eine Zeitlang unauffällig in Aschara bei einem Bauern gearbeitet. Eines Tages, als wir im Zimmer allein waren, zeigte mir Ziulkowski einen Brief, den er von einem Kameraden aus Aschara erhalten hatte: "Schau mal, was meine Kollegen mir schreiben", sagte er, aber nicht worum es ging, um mich nicht zu beunruhigen. Der Brief beschrieb verschiedene Erfahrungen und dazwischen ein Satz, der mich erschütterte: "Den Josef, weißt ja, welchen ich meine, hat jemand verpetzt, daß er Jude ist und die Gestapo hat ihn gestern abgeholt."

Ich gab ihm den Brief zurück ohne ein Wort zu sagen. Er fragte auch gar nichts mehr, aber ich hatte die Botschaft verstanden und begriffen, wie gefährlich die Lage nach wie vor war. Ich konnte aber nicht lange darüber nachdenken, das hätte mir nichts genutzt. Ich mußte es darauf ankommen lassen und auf mein Glück hoffen, daß es mir nicht eines Tages so ergehen würde, wie dem Josef aus Aschara. Es gab also Momente, in denen ich mich in Gefahr sah.

An einem Sonntag ging ich im Feld spazieren und traf einen Kameraden, der bei einem benachbarten Bauern arbeitete. Wir legten uns ins Gras, wärmten uns in der Sonne, erzählten uns belangloses Zeug, doch dann begann er zu erzählen, und zwar mit Schmunzeln und Anerkennung, wie in seinem Dorf in der Ukraine deutschen Soldaten die jüdische Bevölkerung zusammen getrieben und mit Maschinengewehren niedergemacht hätten. Es hat ihm gar nichts ausgemacht, daß es sich dabei um völlig unschuldige Menschen gehandelt hatte.

Er erzählte anerkennend, wie der deutsche Schütze ein Glas Wein hinuntergestürzt und danach eine Garbe auf die Juden abgefeuert hatte, darauf wieder ein Glas Wein und eine nächste Maschinengewehrsalve. Mich hat es angewidert und schockiert mit welcher Bewunderung er über diese Greueltaten sprach. Es gab halt nicht nur solch edle Gestalten wie Herrn Ziulkowski, sondern auch so primitive Typen wie eben diesen Ukrainer Dmitri.

Ein paar Monate nach meiner Ankunft in Illeben wurde die gesamte ausländische Arbeitskolonie in eine Entlausungsanstalt geführt, wo alle auf Ungeziefer untersucht und dann unter die Dusche geschickt wurden. Diese Entlausung war für mich eine Erlösung von den Läusen, die mich in Urbanowicz' Hühnerstall in Wołkowysk befallen hatten. Nachdem dieses Ungeziefer bei mir entdeckt wurde, haben mich die Sanitätsbeamten kahl geschoren und jegliche Behaarung entfernt. Die deutsche Gründlichkeit hat hier ganze Arbeit geleistet. In diesem Falle hatte ich jedoch keinen Grund zu klagen.

Warten auf das Kriegsende in Reichenbach

Gegen Ende des Jahres 1943 bahnte sich eine Veränderung an, die auch mich betraf. In vielen Ortschaften gab es französische Kriegsgefangene, die tagsüber bei Bauern arbeiteten und abends in Lagern wohnten, die von Wachmannschaften bewacht waren. Wahrscheinlich, um Soldaten für den Fronteinsatz freizumachen, hatten die Deutschen beschlossen, die Franzosen aus mehreren Dörfern zusammenzuziehen und anstatt in drei Dörfern Wachsoldaten zu unterhalten, sie unter eine Wachmannschaft zu stellen.

Dort, wo Franzosen abgezogen wurden, wurden jetzt polnische Zivilarbeiter hingeschickt, die keine Aufsicht brauchten. So wurden aus Illeben mehrere polnische Arbeiter nach Reichenbach bei Eisenach geschickt, um die französischen Kriegsgefangenen zu ersetzen, die nach Illeben kamen. Somit wurde das Lager der französischen Kriegsgefangenen in Reichenbach aufgelöst.

Bei Herrn Schönau war ich der einzige, der für den Platztausch in Frage kam. So wurde ich mit anderen aus Illeben in die Kreisstadt Gotha gebracht, wo die Bauern aus Reichenbach sich ihren polnischen Arbeiter aussuchten. Am 4. Januar 1944 kam ich dann zu meinem neuen Chef, bei dem ich bis Kriegsende bleiben sollte. Erich Thomas hieß der Bauer in Reichenbach, wo ich von jetzt an arbeitete. Der Hof war viel kleiner als der in Illeben. Ein Pferd, mehrere Kühe, Schweine und ein Traktor für mehrere Hektar Land waren sein Besitz, genug um mich ständig in Trab zu halten.

Eine ukrainische Magd, Maria, arbeitete auch auf dem Hof. Sie fühlte sich wie ein Familienmitglied und war der Bauernfamilie sehr ergeben. Auch politisch war sie dem Regime zugeneigt, im Gegensatz zu mir. Von Anfang an hegte sie eine tiefe Abneigung gegen mich. Das änderte sich bis zum Kriegsende nicht. Ich vermutete, daß der Grund ihrer Abneigung darin lag, daß ich den französischen Kriegsgefangenen André abgelöst hatte, in den sie verliebt war. Wer konnte schon etwas dafür? Ich wäre auch lieber in Illeben geblieben, wo ich mich mit den Kameraden angefreundet und eingelebt hatte. Deswegen habe ich mir weiter keine Gedanken gemacht. Die Maria ist übrigens nach dem Krieg mit ihrem André nach Frankreich gezogen.

Die Arbeit war ähnlich wie in Illeben. Morgens das Pferd striegeln und füttern, dann Feldarbeit. Im Winter, wenn die Arbeit auf dem Felde ruhte, war ich mit meinem Chef unterwegs, um Holzstämme vom Wald zum Sägewerk zu transportieren. Diese Tätigkeit, die offenbar kriegswichtig war, hat Erich Thomas vom Kriegsdienst befreit. Das Holzfahren war eine spezielle Sache. Wir fuhren hinaus mit einem Fahrzeug, das aus der vorderen und hinteren Achse bestand. Vorne saß mein Bauer, auf der hinteren Achse saß ich, und manchmal nickte ich während der Fahrt in den Wald ein. Das war zwar höchst ungemütlich, weil man sich nirgends festhalten konnte und bei jeder Erschütterung immer wieder erwachte. Im Wald wurden die hintere Achse abgekoppelt, auf die Länge der Baumstämme nach hinten gestellt und die Stämme geladen. Die ganze Ladung wurde dann einige Kilometer weit zum Sägewerk transportiert.

Damals intensivierten sich die Luftangriffe der Amerikaner gegen deutsche Städte. Eines Tages, als wir das Holz abluden, sahen wir am Himmel einen viermotorigen Bomber, der wackelte und torkelte und immer tiefer sank. Er war offensichtlich von einem Flakgeschoß angeschossen worden und konnte nicht mehr zu seiner Basis gelangen. Er ist nach einer Weile abgestürzt und explodiert. Zuvor waren einige Fallschirme am Himmel erschienen, mit denen sich die Besatzung hoffentlich hatte retten können. Ein andermal, als ganze Verbände über uns flogen, war das Flakfeuer sehr stark, jedoch wurde kein Treffer erzielt. Der Sägewerkverwalter äußerte sich, für mich erstaunlich: "Gut so, die amerikanischen Piloten wollen auch leben!"

Das Leben in Reichenbach lief nach einem Standardmuster ab. Tagsüber gab es verschiedene Arbeiten in Stall, Hof und auf dem Felde, zwischendurch wurde Holz aus dem Wald gefahren, und abends traf sich die ganze Ausländergemeinschaft in der Bierschenke. Der ganze Abend wurde mit Biertrinken, Gesprächen und Kartenspiel verbracht. Der Aufenthalt an meinem ersten

Arbeitsplatz Illeben hatte mir besser gefallen. Vielleicht war die Kameradschaft dort enger, und so zog es mich des öfteren zu Besuch nach Illeben.

Das war eine Strecke von ca. 12 km, die ich mit einem Illebener Kameraden zu Fuß zurücklegte, der wie ich gegen einen Franzosen ausgetauscht worden war. Besonders gerne erinnere ich mich an einen solchen Ausflug mit meinem Kameraden Marian Marczuk am Heiligen Abend. Es war eine helle Winternacht. Als wir ankamen, war die ganze polnische Gesellschaft bei Stanislaw Ziulkowski in der Wohnung versammelt und in Weihnachtsstimmung. Wir wurden freudig und stürmisch begrüßt. Es war herrlich, wieder unter den altbekannten Kameraden zu sein.

Natürlich drehte sich das Gespräch wieder um die Lage an den Fronten. Wie weit waren die Russen vorgedrungen, wie weit die Alliierten, die im Sommer in Italien gelandet waren? Zum Schluß blieb doch nur Trauer, denn die Fronten waren noch so weit. Man verzweifelte fast an der Frage, ob dieser Krieg jemals zu Ende gehen würde.

Es kam der Frühling 1944. Der Krieg in Italien zog sich ohne größeren Durchbruch hin. Die Kämpfe gab es noch südlich von Rom. Dann gab es die langwierige Schlacht um Monte Casino,[15] die sehr verlustreich war, auch für die polnische Armee unter General Anders.[16] Im Osten waren die Russen bereits in Sarny,[17] immerhin in den Ostgebieten Polens.

Ich verfolgte Tag für Tag die Lage in der Zeitung. Der Bauer Erich Thomas bekam täglich die "Thüringer Gauzeitung" (ich glaube so hieß das Blatt).[18] Um nicht aufzufallen, wie sehr ich den Zusammenbruch Deutschlands herbeisehnte und wie sehr ich an Nachrichten von der Front interessiert war, zog ich mich mit der Zeitung ins Toilettenhäuschen zurück. Gute Nachrichten für mich, die mich freuten, waren schlechte aus der Sicht von Erich Thomas: Also Rückzug, Frontverkürzung, Abwehrschlachten. Diese Nachrichten des OKW (Oberkommando der Wehrmacht) habe ich gelernt so auszulegen, wie es wirklich war.

Als das OKW bekanntgab, daß "nach schweren Abwehrkämpfen gegen überlegene russische Armeeverbände die Front auf die Linie Kowel-Tarnopol zurückgenommen wurde", da war klar, daß die deutsche Wehrmacht zurückwich

---

[15] 17. Januar 1944 – 18. Mai 1944

[16] Wladislaw Anders (1892-1979).

[17] Kleinstadt bei Rivne/Westukraine

[18] Dazu Werner Simsohn, Juden in Gera III - Judenfeindschaft in der Zeitung. Leben, Leiden im NS-Staat, Folgen 1933-1945. Konstanz 2000.

oder einfach zurückgejagt wurde. Das ging jedoch für uns alle entschieden zu langsam. Wir sehnten uns nach einem schnellen Kriegsende, um endlich nach Hause zurückkehren zu können. Die Gedanken gingen mir schon damals durch den Kopf, ob ich überhaupt noch ein Zuhause vorfinden würde. War überhaupt noch jemand von der Familie am Leben? Stand das Haus in Warschau noch, wo wir gewohnt hatten? Wo würde ich, falls überhaupt, meine Eltern und Geschwister wiederfinden?

Der Sommer war inzwischen da. An einem regnerischen Tag, dem 6. Juni 1944, haben wir mit dem Bauern wie üblich mit dem Fuhrwerk voller Stämme an einer Schenke gehalten, um drinnen bei einem Bier die Butterbrote zu verzehren, die wir bei uns hatten. Die Wirtin begrüßte uns mit der Nachricht: "Die Alliierten sind heute in Frankreich gelandet!" Mein Bauer Erich Thomas hat überhaupt keine Regung gezeigt, als ob ihn das gar nichts anginge. Mich hat diese Nachricht wie ein Blitz getroffen: Mein Gott, endlich, endlich!! Jetzt schien Hitlers Ende greifbar nahe! Ich war innerlich gewaltig aufgewühlt, versuchte aber, meine Freude zu verbergen. Ich war außer mir, konnte den Abend nicht erwarten, um meinen Kollegen in der Bierstube die Neuigkeit mitzuteilen.

Ich glaube nicht, daß einer meiner Kameraden besonderes Interesse für die Zeitung hatte. Sie waren natürlich auch nicht in der Art bedroht wie ich. Ob sie einen Monat früher oder später nach Hause zurückkehrten, war anscheinend für sie nicht von großer Bedeutung. Für mich dagegen war jeder Tag eine Gefahr, doch noch entdeckt zu werden. Ich lebte mit den Nachrichten von der Front, war ungeduldig, wollte mich rascher in Sicherheit wissen. Sicherheit bedeutete für mich, daß der verhaßte und gefürchtete deutsche Polizei- und Militärstaat zusammengebrochen war und die Alliierten oder Russen einmarschieren würden, und daß ich endlich keine deutschen Soldaten mehr sehen mußte.

Nach dem Abendessen flog ich in die Bierstube, schrie fast in die Menge der Kameraden: "Die Amerikaner sind in der Normandie gelandet!" Keiner hatte es gewußt! Die Aufregung und Freude waren groß. Mützen flogen gegen die Decke. Der alte Herr Moser, der uns das Bier servierte, hatte geahnt, worum es ging. Er hat uns argwöhnisch angeschaut, aber kein Wort gesagt.

Es kamen Tage des bangen Wartens. Die deutschen Zeitungen brachten Nachrichten wie: "Alliierte Landungsflotte dezimiert - schwere Verluste für die Alliierten Truppen!" Das ließ mich erzittern. Solche Nachrichten verursachten mir direkten Schmerz. Sollte es fehlschlagen? Falls diese Invasion scheitern sollte wie seinerzeit in Dünkirchen, wäre das nicht zu ertragen. Das durfte nicht sein.

Zwei Monate dauerte der Brückenkopfaufbau in der Normandie[19] und dann, irgendwann im Spätsommer, kam der Durchbruch bei Avranches, von wo aus sich die alliierten Panzerverbände fingerartig über Frankreich vorstießen. Die deutsche Front in Frankreich war zusammengebrochen. Reste der geschlagenen deutschen Armee zogen sich zum Rhein zurück. Das war Musik nicht nur für meine Ohren. Alles in mir jubelte. Es war eine grenzenlose Freude nach allen Demütigungen, Leiden, Opfern.

Noch während in der Normandie die Schlacht tobte, geschah etwas bislang nie Dagewesenes. Am 20. Juli 1944, einem herrlichen Sommertag, flogen Hunderte von alliierten Bombern über Deutschland. Der Himmel war übersät von Flugzeuggeschwadern. Gruppenweise zu je 45 Maschinen flogen sie landeinwärts. Es dröhnte in der Luft. Ich wollte die Flugzeuge zählen, aber der Kopf tat mir schon weh vom Hinaufschauen. So legte ich mich auf den Boden und schaute hinauf. Dann aber geriet meine Zählung durcheinander, und ich hörte auf damit, es waren zu viele. Dieser Tag wurde später bekannt als der Tag des Attentats auf Hitler. Leider ist es fehlgeschlagen. Wäre es gelungen, hätte es den Krieg schlagartig beendet und Tausende und Abertausende von Menschen wären am Leben geblieben.

Im Osten hatte die große russische Offensive begonnen, die deutsche Wehrmacht mit entsprechenden großen Rückzugsbewegungen. Da mir die Landkarte aus meinem Lieblingsfach Geographie gut bekannt war, konnte ich nach den Namen der von den Deutschen verlassenen Städten urteilen, daß hier ein panikartiger Rückzug stattfinden mußte. Nacheinander fielen Smolensk, Witebsk, Vilnius.[20] Bald fand man in den Berichten des Oberkommandos der Wehrmacht schon Namen von Städten in Ostpreußen. Also kam der Krieg schon auf deutschen Boden, von wo aus er begonnen hatte.

In Deutschland begann man den sogenannten "Volkssturm" zu organisieren. Wenn man schon ältere Männer, Rentner und sogar Kinder zu den Waffen rief, so mußte es mit Deutschland schlimm bestellt sein. Ich lachte innerlich, als ich die Reihen der zur Übung aufgestellten alten Bauern sah, darunter auch mein Bauer. Erich Thomas hatte einen ziemlich großen Kopf, und der Stahlhelm saß ihm hoch über den Ohren. Er sah aus wie eine Schießbudenfigur. Die

---

[19] 6. Juni 1944 bis ca. 25. Juli 1944.

[20] Grigorijus Smoliakovas, Die Nacht die Jahre dauerte – Ein jüdisches Überlebensschicksal in Litauen 1941-1945. Konstanz 1992.

anderen Gestalten waren ebenfalls bedauernswert. Damit war kein Staat mehr zu machen und der Krieg nicht mehr zu gewinnen.

Ein gefährlicher Konflikt mit dem Bauern

Es wurde Herbst 1944. Die Amerikaner und Alliierten standen am Rhein. Die italienische Front machte keine dramatische Bewegung, und der Entwicklung des Geschehens nach spielte sie eine zweitrangige Rolle. Im Osten waren die Russen an die Weichsel vorgedrungen und bildeten einen Brückenkopf am Westufer des Flusses. Unter diesen äußerlichen Entwicklungen war der Winter angebrochen.

Ich war wieder einmal zu Besuch in Illeben. Immer noch zog es mich dorthin. Es ergab sich, daß ein dortiger Bauer bereit war, mich in seinem Hof anzustellen und seinen russischen Knecht auf meine Stelle in Reichenbach abzugeben. Die Frage war nur, wie ich dies meinem Erich Thomas beibringen konnte. Meine Sehnsucht nach Illeben war sicher keine Angelegenheit, die Erich bewegen würde, und welches Interesse hatte er, einen solchen fraglichen Tausch zu machen?

Ich habe mich jedenfalls hoffnungsvoll auf den Weg zurück nach Reichenbach gemacht und am nächsten Tag während ich den Pferdestall ausgemistet habe, meinem Bauern den Fall eröffnet, als er gerade in den Stall kam. Er hörte sich meinen Vortrag an, und mit einem Grinsen lehnte er mein Begehren ab. Wir standen inzwischen vor dem Stall, ich hielt die Mistgabel in der Hand und als ich hörte, daß er gar nicht gewillt war auf meinen Vorschlag einzugehen, sagte ich verärgert und laut: "Aber ich will nicht bei Ihnen arbeiten!"

Da wurde er ernst und böse. Das war ein Mißtrauensvotum ihm gegenüber. Er kam an mich heran und versetzte mir mit einem Schimpfwort einen Stoß in die Brust. Da sah ich plötzlich rot. Ich stürzte mich mit der Mistgabel auf ihn und schrie: "Ich schlage dich tot, du Hund!" Der Erich machte einen Sprung zurück und schloß sich im Pferdestall ein. Er schrie im Stall laut nach seiner Frau: "Rosa, Rosa!"

Frau Thomas war eine sehr ruhige und fleißige Person. Sie besorgte den Haushalt, arbeitete im Hof und im Kuhstall und war immer sehr freundlich. Aber als ihr Mann bedroht war, wurde sie sehr aufgeregt. Sie kam rasch aus dem Haus, lief auf den Stall zu und schrie mich an: "Du böser Hund, ich hole jetzt die Polizei, die wird dich schon beruhigen!"

Langsam kühlte sich mein Temperament ab, und mir wurde bewußt, daß ich hier sehr viel gewagt hatte und die ganze Geschichte für mich sehr schlecht

ausgehen könnte. Man stelle sich vor, da wohne ich schon seit fast zwei Jahren in Deutschland, bin ganz offensichtlich erfolgreich untergetaucht auf fast legale Weise und kein Mensch war bis jetzt darauf gekommen, wer ich bin und jetzt, wegen einer Lappalie, sollte ich in Konflikt mit der Polizei geraten, was mich das Leben kosten konnte.
Erich rief aus dem Stall: "Ruf sofort die Polizei!" In Reichenbach selbst war jedoch kein Polizeiposten. Frau Thomas hat daher ins nächste Dorf Österbehringen angerufen, aber es dauerte einige Stunden bis der Polizist kam. Ich war bereits in der Dorfschenke, es wurde nämlich schon Abend.

Inzwischen war mein Angriff auf den Bauern schon im Dorf bekannt geworden, und alle waren gespannt, was jetzt passieren würde. Am meisten beunruhigt war ich selbst. Die Tatsache, daß die Polizei gerufen wurde, war für mich höchst gefährlich, und es war klar, daß die Polizei diesen Fall in die Hand nehmen würde.

Während ich in der Schenke mit einem Glas Bier in der Hand bedrückt im Kreise der Kameraden stand, kam der Polizist herein. Er tat aufgeblasen und schrie laut: "Wer ist der Bronislaw vom Thomas?" Ich trat vor, und der Polizist befahl mir, mit auf den Korridor zu kommen. Dort fragte er mich: "Du wolltest deinen Chef erschlagen? Soweit sind wir noch nicht!" Ohne auf irgendein Wort von mir zu warten, schlug er mir seine zur Hälfte zusammengelegte Aktentasche mehrmals ins Gesicht. Aus lauter Furcht vor dem Polizisten spürte ich jedoch keine Wirkung dieser Schläge. Zum Schluß schrie er: "So mein Lieber, ich laß dich aufhängen!" Dann ging er.

Ich kehrte in die Gaststube zurück. Alle umzingelten mich und fragten: "Hat er dich verprügelt? - Hat es weh getan?" Ich lachte nur traurig und sagte, daß er mich aufhängen lassen will. Alle waren niedergeschlagen. Man bedauerte mich, und alle schauten mich an, als ob ich schon eine am Galgen baumelnde Leiche wäre. Ich hatte keinen Zweifel, daß der Polizist seine Drohung wahr machen würde.

Nun ging ich nach Hause. Alle gingen mir aus dem Wege. Sie wußten, daß der Polizist mich aufgesucht hatte. Einerseits war es ihnen klar, daß sie mich der Polizei ausgeliefert hatten und die Bestrafung hoch sein könnte. Wie mir die Maria (Ukrainerin) nachher sagte, haben die Hausherrn sie angewiesen, das Schlafzimmer abzuschließen, weil Bronislaw sie womöglich noch umbringen könnte. Wie konnten sie auf eine solche Idee kommen?

Tage vergingen, und die angekündigte Aufhängevollstreckung ließ auf sich warten. Kein Polizist hatte sich mehr gezeigt, und ich schöpfte langsam Hoffnung, daß die Polizei die Angelegenheit vergessen oder sie ad acta gelegt hatte. Wieder hatte ich Glück gehabt und seit dem Konflikte mit Erich Thomas vermieden.

Durch die amerikanische Armee befreit

Es kam der Winter 1944/45. Die Feldarbeit ruhte, und vermehrt haben wir wieder Holz zum Sägewerk gefahren. Es gab örtlich begrenzte Gefechte an der Linie Rhein, Luxemburg und Belgien. Die Luftangriffe auf Deutschland wurden fortgesetzt, und da platzte die Nachricht von einem deutschen Gegenangriff in den Ardennen herein.[21] Die deutsche Offensive hatte anfänglich sogar Erfolg, und wir waren sehr besorgt, unsere Befreier in Schwierigkeiten zu wissen.

Es vergingen Wochen. Die Lage stabilisierte sich, und im Frühling 1945 stießen die Amerikaner über den Rhein bei Remagen vor.[22] Dann ging alles sehr schnell. Nun waren es deutsche Städte, die in den Berichten des Oberkommandos der Wehrmacht auftauchten: Aachen, Köln, Düsseldorf, Koblenz... Man hörte in der Ferne schon Artilleriefeuer. Irgendwann in der zweiten Hälfte März 1945 rollten Kolonnen verwundeter Soldaten auf Pferdewagen durch Reichenbach. Auf den Wagen lagen Verwundete mit blutdurchtränkten Kopfverbänden. Leichter Verwundete gingen zu Fuß nebenher und hielten sich an den Wagen fest. Es war ein trauriger Anblick, der mich an zurückflutende polnische Soldaten im September 1939 und russische Soldaten im Juni 1941 erinnerte. Am Himmel sah man keine deutschen Flugzeuge mehr. Alles was flog, war amerikanisch oder englisch. Plötzlich ist auch die Zeitung nicht mehr erschienen. Als dann an der Tür des Ortsgruppenleiters der NSDAP das Schild verschwand, da war klar, daß das Ende Hitler-Deutschlands gekommen war.

Das Osterfest war damals Anfang April. Wir hörten von weitem das Geräusch der Panzer. Einzelne Maschinengewehrsalven hallten durch die Luft. Wir glaubten, daß jeden Augenblick amerikanische Panzer bei uns im Dorf eintreffen würden. Stunden vergingen, jedoch war außer dem Dröhnen der Panzermotoren nichts zu sehen und zu hören.

Mit einigen Kameraden wurde beschlossen, ins nächste Dorf Österbehringen zu gehen um die Amerikaner zu sehen. Das waren etwa 4 km. Als wir Reichenbach verließen, sahen wir von weitem einen deutschen Polizisten, der an

[21] 16. Dezember 1944 – 21. Januar 1935; dazu Ludwig Mühlfelder, Weil ich übriggeblieben bin – Ein jüdisches Überlebensschicksal aus Suhl in Thüringen und Amerika 1924-1983. Konstanz 1995.

[22] Am 7. März 1945 von der US Army erobert.

der Straße stand. Als wir näher kamen erkannte ich den gleichen Polizisten, der mich aufhängen lassen wollte. Er stand mit den Händen in den Hüften neben einem Baum, der quer über die Straße lag. Als wir bei ihm angekommen waren, hielt er uns an und auf den Baum zeigend rief er laut: "Den Baum hier wegräumen, ob Deutschland gewinnt oder verliert, Ordnung muß sein!" Wir schafften den Baum zur Seite, womit der Polizist sich zufrieden gab. Wir ließen ihn stehen, gingen einfach weiter, hatten wir doch die Genugtuung, daß amerikanische Panzer in Sicht waren, was kümmerte uns da noch ein Diener des alten Regimes?

Es dauerte noch 20 Minuten, bis wir im Nachbardorf ankamen. Der Lärm der Panzer war höllisch: Da sahen wir sie endlich, da waren sie, die lang ersehnten Befreier!! Es war unglaublich, andere als deutsche Soldaten zu sehen, von denen wir nichts zu befürchten hatten!

Auf einigen Panzern saßen deutsche Kriegsgefangene, vielleicht als Schutz vor möglichen Angriffen zersprengter deutscher Einheiten. Die Panzer rollten Richtung Gotha. Die Besatzungen lächelten. Am Straßenrand standen viele Leute: die Deutschen eingeschüchtert, die Ausländer lebhaft winkend. Die Deutschen waren sehr verunsichert, wurden doch in Zeitungen grauenhafte Visionen aufgezeigt, die das deutsche Volk im Falle eines Sieges der Alliierten erwartete. Schnell haben sich aber die Deutschen überzeugt, daß die Amerikaner recht gutmütig waren. Und sie verteilten insbesondere an Kinder, was sie gerade hatten: Schokolade, Zigaretten, etc.

Dieser Tag, an dem ich die ersten Amerikaner sah, war für mich eine innere Befreiung. Jetzt konnte ich mir sagen, die Gefahr ist vorüber, ich bin gerettet, es konnte keine Denunziation mehr stattfinden. Nach einigen Stunden gingen wir zurück nach Reichenbach. Dort herrschte Totenstille. Panzern waren nicht zu sehen.

Am nächsten Nachmittag hörten wir endlich Panzer nahen. Die Straßen waren im Gegensatz zu Österbehringen wie ausgestorben. Mich hielt nichts mehr im Hause. Ich ging hinaus auf die Straße und winkte den Panzerbesatzungen zu: Ich war der einzige Mensch auf der Straße! Das konnte ich nicht begreifen: Wo waren sie alle, wenigstens die Ausländer, die im Dorf beschäftigt waren? Die Panzer rollten zum Ende des Ortes und stellten sich unter den Bäumen auf.

Von da führten Straßen links nach Langensalza und rechts ins nächste Dorf Tüngeda. Soldaten stiegen von den Panzern, entfachten aus Holzlatten ein Feuer und wärmten sich. Wieder war ich der einzige, der den Soldaten Gesellschaft leistete. Ich bekam Schokolade und Zigaretten, die ich danach meinem verblüfften Erich Thomas gab. Langsam kamen meine Kameraden aus ihren

Häusern heraus und gesellten sich zu uns. Wir unterhielten uns mit den Soldaten mehr schlecht als recht, keiner konnte Englisch. Plötzlich aber wurden wir Zeugen eines Vorfalls, der uns in die Kriegsrealität zurückversetzte.

Rechts auf dem Weg aus Tüngeda erschien ein Motorradfahrer Richtung Reichenbach. Es war eine Militärpatrouille bestehend aus zwei deutschen Soldaten. Als sie näher kamen, gingen die Amerikaner auf sie zu, und einer rief: "Komm, komm, Kamerad!" Als die Deutschen bemerkten, daß es Amerikaner waren, machten sie kehrt und wollten flüchten. Die Amerikaner sprangen auf einen Panzer und gaben eine Gewehrsalve in Richtung der Flüchtenden ab. Derjenige, der auf dem Sozius saß hatte sich beim Kehrwenden fallen lassen, der Lenker aber wurde erschossen. Die Amerikaner nahmen den Beifahrer gefangen und führten ihn ans Feuer. Da wurde ihm das Hakenkreuz von der Brust gerissen und ins Feuer geworfen, dann wurde er in eine Scheune geführt, wo schon einige Gefangene versammelt waren.

Nach diesem Vorfall haben wir uns alle entfernt und gingen zurück zu unseren Häusern. Mein Erich Thomas war blaß und fürchterlich eingeschüchtert. Er hat mindestens erwartet, daß ich mich jetzt an ihm rächen würde für sein Verhalten mir gegenüber. Ich aber habe ihm die Zigaretten geschenkt, die ich von den Amerikanern bekommen hatte, da ich Nichtraucher war. Er konnte nicht glauben, daß ich ihn so behandelte und mit keinem Wort die Geschichte erwähnte, die mich hätte das Leben kosten können. Ich war über das Ende des Krieges so glücklich, daß mir gar nicht in den Sinn kam, mich zu rächen, auch wenn sie Rache vielleicht sogar verdient gehabt hätten.

Am nächsten Morgen war es still im Dorf, auffallend still. Als ich durchs Dorf ging zeigte sich, daß die Amerikaner abgezogen waren. Gegen Mittag war eine deutsche Einheit von irgendwo aufgetaucht und ins Dorf eingezogen. An Kreuzungen wurden Wachen aufgestellt, und man hörte lebhaftes Treiben im Dorf. Sicherheitshalber verkroch ich mich in die Scheune, von wo ich gute Sicht auf die Straße hatte. Ich hörte, wie freudig aufgeregt die Einwohner waren. Jemand schrie laut: "Milch für unsere Soldaten!" Die Bauern freuten sich und glaubten, daß die alte Ordnung zurückgekehrt sei.

Irgendwann in der Nacht verschwanden die deutschen Soldaten, und am Vormittag rückten pausenlos amerikanische Infanterie, Artillerie und unzählige Militärlastwagen in Reichenbach ein. Alle Häuser an der Hauptdurchgangsstraße wurden von den Bewohnern geräumt und amerikanische Mannschaften dort einquartiert. Ich fühlte mich von den Maßnahmen nicht betroffen, schließlich war ich ein befreiter Zwangsarbeiter und wollte zu meiner Wohnecke gehen. Als ich da ankam, wurde ich freundlich von einem amerikanischen Soldaten begrüßt. Der lag mit Uniform und Schuhen auf meinem Bett und war sichtlich zufrieden. Natürlich wollte und wahrscheinlich konnte ich ihn nicht stören, also schlief ich in der Scheune.

In den nächsten Tagen verbreitete sich die Nachricht, daß die Front zum Stillstand gekommen war und Gefahr bestand, daß die Deutschen wieder zurückkehren könnten. Wie unsinnig und unrealistisch eine solche Einschätzung war, davon hatten wir natürlich keine Ahnung, jedoch haben ein paar Kameraden und ich beschlossen, uns nach Westen abzusetzen, möglichst weit von der Front entfernt, um auf jeden Fall deutschen Soldaten oder Polizisten zu entgehen. Mit von den Bauern "geliehenen" Fahrrädern fuhren wir los.

Unterwegs passierten wir Ortschaften und Städtchen, die bereits von den Amerikanern besetzt waren. Am Straßenrand lungerten viele Ausländer herum, die jetzt nach dem Kriege nicht mehr an ihre Arbeitsplätze gebunden waren. Manche lauerten nach allem, was in Besitz genommen werden konnte. Auf mein Fahrrad fielen begierige Blicke, da ich aber wieder meine polnische Militärmütze trug, hat man mich als seinesgleichen nicht belästigt. Einem Deutschen wäre das Fahrrad glatt abgenommen worden.

Nach einigen Tagen Fahrrad-Wanderung erreichten wir die Vororte von Kassel. Wir trafen auf ein Ausländerlager und beschlossen, uns hier zu erholen. Wir betraten eine Baracke, wo befreite Polen, Russen und auch einige ehemalige russische Kriegsgefangene an Tischen saßen und irgend etwas Alkoholisches tranken. Die Stimmung war enorm, die Leute waren mehr oder weniger angetrunken, sangen Lieder, und es herrschte eine ausgelassene Stimmung.

Wir drei Kameraden - einer aus Lwov (Lviv/früher Lemberg) und der dritte auch aus Warschau - wurden mit erhobenen Gläsern begrüßt, einer kam mit einem gefüllten Glas und drängte mich zu trinken. Ich nahm einen Schluck, konnte aber dieses fürchterliche Zeug nicht hinunterschlucken. Wie es sich herausstellen sollte, zu meinem Glück. Es war mir klar, daß es mir nicht bekommen würde, hier zu bleiben, und nach kurzer Beratung fuhren wir ab nach Kassel auf einen "Neugiertrip".

Die Stadt Kassel war schrecklich zerbombt. Lauter Trümmerfelder. Die Straßen waren zum Teil unpassierbar. Da erweckte ein ausgebombter großer Bau unsere Aufmerksamkeit. Es stellte sich heraus, daß es einmal ein Kaufhaus war. Als wir durch die Keller stöberten, fanden wir noch einige Flaschen Wein, die wir mitnahmen. Im obersten Stockwerk waren noch einige Zimmer bewohnbar und notdürftig zurechtgemacht. In einigen Zimmern wohnten so genannte "Displaced Persons" Zu diesen gehörten alle Ausländer und eigentlich auch wir.

Wir beschlossen, hier zu übernachten. In der Nacht erwachten wir plötzlich, als an der Tür Mädchenstimmen um Hilfe und Einlaß flehten. Es waren anscheinend in der Nähe amerikanische Soldaten aufgetaucht, von denen man in der Dunkelheit nur die weißen Zähne sah. Wir öffneten die Tür, und die erschrockenen Mädchen stürzten herein. Eine setzte sich zu mir aufs Bett, schmiegte sich an mich und flehte um Schutz vor den Soldaten. In mir erwachte die Ritterlichkeit des Mannes, der eine Verfolgte schützen mußte. Ich beruhigte das Mädchen. Die Soldaten haben sich gar nicht gezeigt.

Am nächsten Tag früh am Morgen, gingen wir zurück ins Lager, von wo aus wir einige Tage zuvor aufgebrochen waren. Unseren Augen bot sich ein fürchterliches Bild. Einige der Leute, die sich an dem Getränk gütlich getan hatten, lagen am Boden und wälzten sich in schrecklichen Schmerzen. Sie stöhnten, waren naß vom Schweiß und krümmten sich unter Qualen. Der Alkohol, den sie getrunken hatten, war Flugzeugbenzin! Sie hatten ihn auf dem nahegelegenen Flugplatz gefunden und ins Lager gebracht. Nach ein paar Stunden starben einige unter schrecklichen Schmerzen. Das Schlimme war, daß diejenigen, die erst noch entsetzt das Sterben ihrer Kameraden mit ansehen mußten, am Abend ebenfalls von Schmerzen überfallen wurden und nach Stunden der Qual starben. Die Leichen wurden in eine benachbarte Baracke gelegt. Amerikanische Ärzte waren zwar angerückt um zu helfen. Bis dahin hatten Kameraden zu helfen versucht, indem sie Milch und sonstige Flüssigkeit verabreichten. All dies hat jedoch nichts genutzt. Plötzlich bekam ich Angst, daß es mich auch erwischen würde, hatte ich doch einen gehörigen Schluck von dem Holzsprit zu mir genommen. Kurz entschlossen haben wir dieses Lager verlassen.

Weiter nach Westen wollten wir nicht. Der Krieg näherte sich seinem Ende, und wir kamen zum Entschluß, nach Reichenbach zurückzukehren, um unsere Habseligkeiten zusammenzupacken und dann zu überlegen, was wir weiter machen konnten. Nach zwei Tagen Radeln kamen wir an. Meine beiden Kollegen sind bei ihren Bauern geblieben, und ich mußte selbst über meine Zukunft entscheiden. Freiwillig bei meinem Bauern weiterzuarbeiten, wo ich als Zwangsarbeiter gearbeitet hatte, behagte mir nicht. So habe ich nur ein oder zwei Tage bei Erich Thomas verbracht. Er gab mir keine Befehle mehr, sondern ließ mich tun und lassen, was ich wollte. Natürlich war das kein Zustand auf Dauer. Ich habe noch auf die Tür meines Schränkchens die Flaggen aller Siegermächte gemalt und verließ das Haus Richtung Langensalza.

Arbeit in einer amerikanischen MP-Küche

In Langensalza sah ich mich um und kam an einer amerikanischen Militärkaserne vorbei. Ich stieg vom Fahrrad und schaute mit Bewunderung und innerer Freude auf das Tun und Treiben der Soldaten, die Fahrzeuge und den Betrieb auf dem Gelände. Am Eingangstor stand ein Wachsoldat, der gar nicht militärisch, sondern gelangweilt aussah. Ab und zu setzte er sich auf einen Stuhl, lehnte das Gewehr an die Stuhllehne und war nicht besonders wachsam. Wer sollte auch jetzt noch gefährlich sein?

Da kam ein anderer Soldat zu ihm, unterhielt sich eine Weile und richtete dann den Blick auf mich, kam zu mir heran und fragte, wer ich sei. Ich sagte, daß ich aus Polen stamme, hier Zwangsarbeiter gewesen sei und mir jetzt ein bißchen die Welt anschaue. Da fragte er mich, ob ich nicht Lust hätte, im Küchenmagazin mitzuhelfen, um Lebensmittel einzusortieren. Das kam mir wie gerufen. Denn nach Warschau zurückkehren konnte man nur zu Fuß oder per Fahrrad, sonst gab es keine zivilen Transportmöglichkeit.

Auf der Stelle habe ich zugesagt, und der Soldat führte mich in ein Gebäude, wo die Küche für die Militärpolizei untergebracht war. Es war ein Speisesaal und ein Küchenabteil sowie eine angrenzende Kammer, wo die Konservenbüchsen mit verschiedenen Produkten gelagert waren. Ich hatte den täglichen Bedarf auszugeben und neu ankommende Sendungen aufzustapeln. Bei der Essenausgabe stand ich an der "Tea or Coffee"-Theke. Vor mir in der Reihe gaben Soldaten den vorbeiziehenden Kameraden nacheinander Suppe, Fleisch, Gemüse ins Eßgeschirr. Am Ende des Ausgabetisches stand ich und fragte: "Coffee or Tea?" Viel mehr Englisch konnte ich nicht. Die Verständigung erfolgte hauptsächlich mit Gesten.

Für mich war dies ein Schlaraffenland. Es gab Dinge, die ich schon lange Jahre nicht mehr gesehen hatte. Schokolade in Hülle und Fülle, kistenweise Orangen. Mich wunderte, daß die Soldaten so wählerisch waren. Eine leicht gequetschte Orange, die nach meinen Begriffen völlig in Ordnung war, wurde zum Abfall geworfen. Obwohl ich soviel gute Früchte nehmen konnte, wie ich wollte, habe ich es nicht übers Herz gebracht, die etwas angeschlagenen Früchte wegzuwerfen. Ich schälte die Orange, und nach dem Wegschneiden einer gequetschten Stelle aß ich den Rest mit Genuß. Außerdem gab es eine Fülle von verschiedenen Trockenfrüchten und Kompotten.

Fleisch wurde vom Koch so behandelt, daß Fettstreifen abgeschnitten und in Abfallkübel geworfen wurden. Unsere Küchenmannschaft hat recht verschwenderisch gearbeitet, und auch übriges Fleisch, übrige Suppen und Kompotte landeten in Abfallkübeln. Wenn die Abfälle dann mit dem Lastwagen außerhalb des Areals gebracht und ausgekippt wurden, warteten schon hungernde deutsche Zivilisten, meist Frauen und Kinder und ältere Menschen, stürzten sich auf die Reste und rissen an sich, was sie packen konnten, um es eilends davonzutragen.

Damit ich im Kasernenareal frei ein und ausgehen konnte, erhielt ich eine Armbinde, auf der die amerikanische Flagge "Stars and Stripes" aufgedruckt war. Ich habe diese nicht ohne Stolz getragen.

Eines Tages schlug eine Nachricht in der Küche ein, daß Besuch aus den USA käme. Alle waren sehr erregt, doch ich wußte nicht, um wen es sich handelte. Als ich im Magazin gerade Lebensmittel sortierte, kam ein kleingewachsener Mann, in respektvollem Abstand gefolgt vom Rest des Küchenpersonals, und begann einfach, nach etwas zum Knabbern Ausschau zu halten. Ich wollte schon Protest gegen dieses unbefugte Eindringen in das Küchenmagazin einlegen, als ich jedoch sah, daß die übrige Mannschaft diesen Mann mit Respekt und Zuneigung schalten und walten ließ, kam mir der Gedanke, daß dies doch nicht irgendwer sein konnte. Als ich diese Person näher anschaute, ging mir plötzlich ein Licht auf.

Mickey Rooney (Mitte) in Langensalza Mai 1945

Es war Mickey Rooney, ein bekannter Schauspieler und übrigens mein Lieblingsschauspieler, den ich oft und in verschiedenen Filmen gesehen hatte, die von Jugendlichen und Vagabunden handelten. Besonders in Erinnerung hatte ich seinen Film aus dem Jahre 1937 "Die Sechs aus der Vorstadt" mit Spencer Tracy in der Hauptrolle. Ich habe auf ihn keinen Eindruck gemacht, doch war ich überwältigt von dem Gefühl, dem berühmten Mickey Rooney gegenüberzustehen, der gerade im Begriff war, meine Süßigkeiten zu plündern. Ich wollte ihm sagen, daß ich ihn schon vor dem Kriege in verschiedenen Filmen gesehen habe, und daß ich ein Fan von ihm sei. Aber das alles auszudrücken war ich mit meinen Sprachkenntnissen gar nicht in der Lage. Es hat ihn auch gar nicht berührt, was ich da auf ihn einstotterte. Mit einem Lächeln und einem Händedruck verabschiedete er sich von mir und ging samt Küchenpersonal so rasch wieder hinaus, wie er hereingekommen war.

Eines Tages herrschte Aufbruchstimmung in der MP-Kompanie. Ein Bus mit MPs fuhr nach Buchenwald, das berüchtigte Konzentrationslager in der Nähe von Weimar. Als sie zurückkamen, waren sie recht bedrückt. Tagelang entwickelten sie ihre Filme und die Papierkopien waren auf den Tischen zum Trocknen ausgelegt.

Erst durch diese Bilder konnte ich mir eine ungefähre Vorstellung vom Grauen dieses Konzentrationslagers machen. Berge von ausgemergelten Leichen, zur Verbrennung aufgestapelt, wozu jedoch die Zeit nicht mehr reichte. Denn die Amerikaner waren bereits da. Es ist bekannt, daß die US Armee die deutsche Bevölkerung von Weimar zwang, diese Mordstätte zu besichtigen. Mag sein, daß manche nicht gewußt haben, was in Buchenwald geschah, obwohl es unwahrscheinlich erscheint, daß diesbezügliche Informationen nicht auf die eine oder andere Weise durchgesickert sind. Aber was konnte man schon gegen diese Mordmaschine unternehmen? Erst mit Hitlers Fall und Tod ging sein grausames Herrschaftsregime zu Ende.

Eines Tages sagte mir der Küchenchef, daß es gut sei, wenn ich noch zwei Kollegen finden könnte, die mir helfen könnten, weitere Soldaten aus dem Küchendienst zu befreien. Ich antwortete, daß ich zwei Kameraden in Reichenbach hätte und sie sicher überreden könne, hier mit mir zusammenzuarbeiten. Mit einem Militär-Lkw fuhr ich also nach Reichenbach auf die Suche nach den beiden, mit denen ich die Fahrradtour nach Kassel gemacht hatte. Es war nicht schwer, sie zu finden. Sie arbeiteten nach wie vor bei ihren Bauern, als ob nicht der Krieg nicht schon zu Ende wäre. Ich erzählte ihnen, daß ich zwei Leute brauchte, daß wir zusammen ein Team bilden könnten: "Seid ihr nicht bei Trost, der Krieg ist aus! Wollt ihr bis an euer Lebensende bei einem Bauern in Deutschland arbeiten?" Es war nicht schwer, sie zu überzeugen, sie nahmen ihre Sachen und von einer Minute auf die andere waren sie auf dem Lkw, und wir fuhren zurück nach Langensalza.

Jetzt war ich nicht mehr allein. Beide Kameraden bekamen auch die Armbinde mit der US-Flagge, und mir wurde die Verantwortung als Vorgesetzter übertragen. Zu keinem Zeitpunkt allerdings habe ich mich als Vorgesetzter gefühlt, denn wir machten alle drei die gleiche Arbeit mit Proviantverwaltung, Essenausgabe, Aufräumen, etc. Viel Arbeit gab es sowieso nicht, und oft stolzierten wir alle drei nur in der Gegend herum.

Einmal sprach mich ein Soldat auf polnisch an. Er war selbst polnischer Herkunft und freute sich mit mir polnisch sprechen zu können. Er schenkte mir eine Zigarre, die ich anzündete und jeden Zug kräftig inhalierte. Die Wirkung ließ nicht lange auf sich warten. Kurz darauf wurde mir zum Erbrechen schlecht. Fürchterliche Übelkeit hat mich befallen, und mir war sterbenselend. Der Kompaniechef bemerkte, daß es mir sehr schlecht ging und holte einen Arzt. Es vergingen ein paar Tage bis ich wieder ich selbst war, jedenfalls war ich seitdem für mein ganzes Leben vom Rauchen geheilt.

Unter den Soldaten war auch ein Jude, der sich freundlich mit mir unterhielt. Ich erzählte ihm einige Details der Verfolgungen, deren Zeuge ich war. Dabei hatte ich das Gefühl, daß er es sich gar nicht vorstellen konnte, wie schrecklich alles war. Niemand, glaube ich, der es nicht selbst erlebt hat, kann sich eine Vorstellung machen vom Grauen der Verfolgung in den von der deutschen Wehrmacht besetzten Gebieten.

Es vergingen Wochen und plötzlich platzte die Nachricht herein, daß die Kompanie aufgelöst würde. Ein Teil sollte in die USA zurückkehren, ein anderer Teil nach Japan verlegt werden, wo der Krieg noch immer im Gange war. Eines Tages war es dann soweit. Die Mannschaften bestiegen Autobusse mit ihrem gesamten Gepäck. Um uns drei kümmerte sich niemand, wir waren auf einmal nicht mehr nötig. Mir war sehr bitter zumute. Ich hatte mich sehr an die Mannschaft gewöhnt. Alle waren auch sehr freundlich zu mir, und jetzt mußte ich Abschied nehmen. Ich ging durch den Autobus, links und rechts streckten sich mir Hände entgegen, man sagte Abschiedsworte, die ich nicht alle verstand. Alle lächelten mir zu, einige sagten, ich solle mit nach Amerika kommen. Man reichte mir von allen Seiten Zigaretten (ausgerechnet), Schokolade, Kaugummi. Ich war nicht in de Lage ein Wort zu sprechen. Meine Kehle war von Traurigkeit wie zugeschnürt, ich war den Tränen nahe. Eine schöne Zeit ging zu Ende.

Nach Jahren der Angst und Furcht vor Soldaten war plötzlich eine Armee da, für die meine Herkunft oder Religion keinerlei Nachteil bedeutete. Diese Soldaten hatten mich voll akzeptiert und freundlich behandelt. Das hat gut getan.

Von Gotha nach Nürnberg und zurück

Nun stand ich da, allein, und mußte etwas unternehmen, entscheiden wie es weitergehen sollte. Nach Amerika zu fahren hatte ich zu diesem Zeitpunkt nicht in Erwägung gezogen. Das war mir zu weit und zu ungewiß. Abgesehen davon war mir klar, daß ich zu allererst zurück nach Polen reisen mußte, um mir die Schicksalsorte anzuschauen und nach Überlebenden zu suchen. Vorerst war jedoch noch keine Transportmöglichkeit in Sicht.

So beschloß ich, mit meinen Kameraden per Fahrrad nach Gotha zu fahren, und zwar in den ehemaligen Fliegerhorst, wo damals viele sogenannte "Displaced Persons" (DPs), meist Polen, zusammengekommen waren. Es gab dort eine zentrale Küche, die alle verpflegte. Abends gab es Musik und Tanz, tagsüber hat man die Zeit mit Spazierengehen, Unterhaltung, Ausflügen verbracht, und es war recht gemütlich. Man hatte uns in einem Zimmer einquartiert, in dem drei eiserne Betten und ein Schrank standen, einfach, wie eben in einer Kaserne üblich. So vergingen die Tage sorglos, doch es sollte bald anders kommen.

Plötzlich wurde publik, daß Thüringen und Sachsen von den Amerikanern an die sowjetische Besatzungsmacht übergegeben werden sollte. Für die Insassen des Fliegerhorsts bedeutete es Aufbruch. Das Lagerleben konnte nicht ewig dauern. Die amerikanische Behörde hat Transportzüge zur Verfügung gestellt für all jene, die in den Westen fahren wollten, alle anderen, die nach Polen wollten, blieben noch im Lager und warteten auf eine Transportmöglichkeit. Schon rollten Eisenbahnzüge voller Menschen nach Westen. Die Waggons, mehrheitlich Güterwagen, waren geschmückt mit polnischen Flaggen und patriotischen Aufschriften an den Wagenwänden. Das Lager leerte sich langsam.

Wieder wuchs Unbehagen, was nun? Meine Verbundenheit mit den Amerikanern aus der Zeit in Langensalza war noch groß. Es hat mich innerlich dorthin gezogen, und so schloß ich mich einer Militärkolonne an, die Richtung Bayern fuhr. Eigentlich haben mich polnisch sprechende amerikanische Soldaten mit auf den Lkw genommen, ohne daß der Kompaniechef es wußte. Nach mehreren Stunden Fahrt kamen wir nach Nürnberg, und im Stadion wurde das Lager aufgeschlagen, dort wo die berühmt berüchtigten nationalsozialistischen

Aufmärsche stattgefunden hatten. Die Bauten waren zum Teil zerstört, aber die imposante Größe war beeindruckend.

Am nächsten Tag hatte ich Probleme mit dem Kompaniechef, der in seiner Militäreinheit keinen Zivilisten akzeptieren konnte. Nachdem er seine Untergebenen gerügt hatte, weil sie mich mitgenommen haben, stand ich in Nürnberg plötzlich auf der Straße. So einfach war das. Wieder stellte sich die Frage: Was nun? Krieg gab es nicht mehr, es bestand keine Gefahr mehr wie während des Krieges. Trotzdem, ohne Dach über dem Kopf, ohne Essen und ohne Geld ist das Leben nicht sehr lustig.

Der Kompaniechef hatte mir sehr dienstlich, doch ohne Groll erklärt, daß ich zum "Military Government" in Nürnberg gehen solle, um Rat für mein weiteres Tun einzuholen. Ich wußte zwar nicht recht, was ich dort bekommen konnte und wie ich mit denen reden sollte. Mein Englisch war völlig unzureichend. Was soll ein Bittsteller mit deutscher Sprache bei einer amerikanischen Militärbehörde? Trotzdem ging ich hin, wenn auch ohne große Überzeugung. Ich hatte sowieso nichts Besseres zu tun. Es war schon Mai oder Anfang Juni 1945 und recht warm.

Der Weg vom Stadion zur Militärregierung war unendlich lang für einen Fußgänger. Endlich kam ich an und versuchte, den Amerikanern klarzumachen, was mir selbst nicht ganz klar war. Mir spukte noch die Stelle im Kopf herum, die ich bei der MP in Langensalza hatte. Die Büros waren von verschiedenen uniformiertem Personal und zahllosen Sekretärinnen besetzt. Auf einmal stand ich einem Major gegenüber und sprach Deutsch mit ihm. Seine Empfehlungen waren so unverbindlich und nicht viel versprechend, daß ich beschloß, zurück nach Gotha zurückzugehen. Dort waren noch Kameraden, bei denen ich mich heimisch fühlen konnte. Hier in Nürnberg war ich völlig verloren und einsam.

Da ich kein Gepäck bei mir hatte, habe ich mich unbeschwert sofort zu Fuß auf den Weg nach Fürth gemacht. Dort stieg ich in einen Zug, der in nördlicher Richtung fuhr. Der Zug war voll von Flüchtlingen, Zivilisten und deutschen Soldaten, die nach der Kapitulation in alle Himmelsrichtungen fuhren auf der Suche nach Heimat oder Familie. Nun war ich plötzlich mitten unter deutschen Soldaten. Wahrlich ein sonderbares Gefühl. Nun waren das nicht mehr die zackigen, vorwärts drängenden Soldaten in Reih und Glied. Das war mehr ein verlumpter Haufen armer Hunde, entwaffnet, abgekämpft, müde, resigniert. Solche Soldaten weckten eher Mitleid als Furcht.

Irgendwo ist der Zug nicht mehr vorangekommen. Zonengrenze! Ich ging zu Fuß weiter, passierte einen Posten, der dabei war, eine Grenzsperre einzurichten. Die Grenze mit all ihrer Strenge und Formalität war noch nicht eingerichtet. Niemand hielt mich an, keiner fragte mich etwas. Ich war in der sowjetisch besetzten Zone. Unterwegs bin ich mit einem Militär-Lkw der sowjetischen Armee nach Ohrdruf[23] gekommen. Die fuhren nicht weiter und so mußte ich den Rest des Weges von Ohrdruf nach Gotha zu Fuß zurücklegen.

Im Fliegerhorst Gotha angekommen war es bereits Abend und eine Tanzveranstaltung im Gange. Viele meiner alten Kollegen waren noch da. Trotz Müdigkeit und Blasen an den Füßen stürzte ich mich sofort in den Tanzabend. Mein Bett im Zimmer war noch frei. Kein Wunder, es gab viele Abgänge aber keine Zugänge.

Bis dahin hatte ich mich längst mit der Tatsache abgefunden, daß der Krieg vorbei und ich am Leben geblieben war. Das war immer wieder eine wunderbare Erkenntnis. Freude über das "nach Hause fahren" wollte sich jedoch nicht einstellen. Es war wohl. die unbewußte Sorge, was ich dort vorfinden würde. Ich wußte, daß von meinen Eltern sicher keine Spur geblieben war. Ich wußte auch aus Berichten, daß das gesamte Stadtviertel wo wir gewohnt hatten, dem Erdboden gleichgemacht worden war. Wie wörtlich und buchstäblich dies geschehen ist, konnte ich mir dann bei einem Besuch in Warschau im Frühjahr 1946 klarmachen.

Bei der Roten Armee und Begegnung mit Anna

Es war Juli 1945, und wir fuhren Richtung Osten. Der Zug war auf einem Seitengleis stehen geblieben, wir wußten nicht, was los war. Nach einiger Zeit verließen wir den Waggon, um uns umzuschauen. Es sprach sich herum, daß die Lokomotive weggefahren war. Kein Mensch wußte, was nun passieren sollte, und es war auch niemand da, den man hätte fragen können. Stunden vergingen. Es begann zu regnen. Wir waren in den offenen Güterwagen nicht vor Regen geschützt, und so machten sich einige auf ins nächste Dorf, um nach etwas Stroh und - falls möglich - nach Essen Ausschau zu halten. Diejenigen, die viel Gepäck hatten, wagten sich nicht aus dem Wagen. Ich hatte wenig bei mir, ein Fahrrad und einen Rucksack, so daß ich im Falle eines Diebstahls nicht viel zu riskieren hatte und ging also mit auf Tour. Wir hatten jedoch keinen Erfolg.

[23] Schraga Golani, Brennendes Leben – Von Pabianice und Piotrków in Polen durch die Lager Skarzysko Kamiena, Blizyn, Auschwitz-Birkenau, Ohrdruf bis zur Befreiung in Buchenwald. Konstanz 2004.

Auf dem Rückweg zum Zug kam uns ein Motorrad mit Beiwagen entgegen, von zwei russischen Armeeangehörigen besetzt. Sie hielten, und wir starrten sie wortlos an. Da fragte der Mann im Beiwagen, ob jemand von uns deutsch und russisch spreche: "Wir brauchen einen Dolmetscher, der bei der Lebensmittelversorgung für unsere Einheit helfen könnte", sagte er. Wir waren vier Leute in unserem Grüppchen, aber keiner fühlte sich in der Lage, diesen Job zu übernehmen.

Ich habe mir die Frage rasch durch den Kopf gehen lassen. Nach Polen zu reisen, um die Ruinen meines Geburts- und Wohnhauses zu sehen, wäre es nie zu spät. So habe ich eine Entscheidung getroffen, die sicher eine Wende in meinem Lebenslauf bedeuten sollte. Wie schon öfter während des Krieges war auch diese Entscheidung schicksalsträchtig. Ich sagte zu, wollte aber noch mein Fahrrad und meinen Rucksack aus dem Zug holen. Zum Zug waren es nur noch ca. 50 m. Wir gingen zum Zug, und das Motorrad fuhr langsam nebenher.

Ich holte meine Sachen, verabschiedete mich von den Reisegefährten, wir wünschten uns gegenseitig viel Glück. Mein Fahrrad wurde auf den Beiwagen verladen, ich setzte mich hinter den Fahrer, und wir fuhren davon. Nach einer halben Stunde höchst unbequemer Fahrt waren wir am Ziel. Die Einheit - eine Pioniereinheit - war im Schloß Belvedere in Weimar-Ehringsdorf einquartiert, in einem ausgedehnten Park außerhalb von Weimar. Alle Gebäude waren von Soldaten belegt. Die Einheit betrieb auf dem rückwärtigen Areal eine Milchwirtschaft. Der Stall und Umgebung wurden von abkommandierten Mannschaften betreut. Ich wurde in ein Zimmer im Schloß einquartiert. Viel zu tun war dort für mich nicht. Obwohl im Schloßgebäude eine Kompanieküche eingerichtet war, wurde ich dort nicht eingesetzt. Ich verpflegte mich aus der Soldatenküche und fuhr als Dolmetscher ab und zu mit einigen Soldaten zur Beschaffung von Mehl, Brot und anderen Lebensmitteln.

Wiederum hat der Kommandant der Einheit Einwand gegen meinen Aufenthalt im Militärareal erhoben, und nach einigen Tagen wurde ich in ein Privathaus verlegt, wo ich bei einer deutschen Familie ein Zimmer bekam. Das war außerhalb von Weimar in einem kleinen Ort namens Ehringsdorf. Im gleichen Haus wohnte ein Offizier derselben Pioniereinheit, und aus deshalb war ich immer mit dabei, wenn der Offizier namens Pawel seine Kollegen zum geselligen Abend einlud. Das geschah nicht selten, und immer wurden dabei größere Mengen Wodka getrunken. Die Stimmung war sehr ausgelassen. Es wurde gelacht, geredet, und nach einigen Stunden war die ganze Gesellschaft blau, ich nicht ausgenommen.

Da ich nicht sehr oft beansprucht wurde und viel Freizeit hatte, hielt ich mich im Dorf auf und bin da ab und zu auf ein Bier eingekehrt. Es gab das Restaurant "Kupferquelle" mit einem großen Saal, wo jedes Wochenende Tanzveranstaltungen stattfanden. Es hielten sich im Restaurant auch russische Soldaten auf, die mich kannten. Einmal haben die irgendwo eine Flasche Wein aufgetrieben, waren aber nicht sicher, ob sie nicht vergiftet war. So gaben sie mir den Wein zum Probieren. Als ich begann und nicht aufhörte zu trinken, weil der Wein offensichtlich gut war, rissen sie mir die Flasche aus der Hand, denn sie wollten mich doch zum Vorkosten nicht die ganze Flasche austrinken lassen.

Eines Abends ging ich wieder einmal in die "Kupferquelle" um mich zu amüsieren und nahm an einem Tisch platz, der teilweise besetzt war. Da fiel mein Blick auf ein Mädchen, das mir sofort sehr gefiel. Mit ihrem neugierigen Kindergesicht sah sie schüchtern und unschuldig aus. An diesem Abend habe ich meine zukünftige Frau kennen gelernt.

Ich lud sie zum Tanzen ein und war ganz hingerissen von dem Mädchen, von seiner Anmut und Sanftheit. Seitdem trafen wir uns öfter, und ich besuchte sie auch zu Hause, wo sie mit ihrer Mutter und Tante samt Cousine wohnte. Die Zeit verging, und irgendwann im Herbst 1945 wurde mir von den Militärvorgesetzten mitgeteilt, daß es für mich hier keine Verwendung mehr gäbe, ich solle mich auf die Heimreise machen oder gehen, wohin ich wolle.

Meine Anna samt Anhang war inzwischen dabei, nach Polen zurück zu kehren, und so habe auch ich meine Rückreise nach Polen vorbereitet. Zu diesem Zweck fuhr ich nach Leipzig, wo eine Art polnische diplomatische Vertretung amtierte, und habe für mich und Anna, die schon auf meinen Namen geführt war, die Dokumente besorgt, und im Frühjahr 1946 begann die abenteuerliche Rückfahrt nach Polen.

Von Deutschland endlich zurück nach Polen

Von Ehringsdorf fuhren wir zuerst nach Leipzig. Dort haben wir in einem Lager übernachtet, das in einer Schule untergebracht war. Am nächsten Tag sind wir langsam, sehr langsam mit dem Zug Richtung Zgorzelec (Görlitz) gefahren. Wie und warum wir dort in einem Lager und auch in Legnica (Liegnitz) wieder in einem Lager übernachteten, kann ich heute nicht mehr rekonstruieren. Die Züge fuhren damals eben nicht zügig, und man war gezwungen, die Reise zu unterbrechen und weitere Zugverbindungen abzuwarten.

Anna und Bronislaw 1945

Da ich eigentlich kein festes Ziel in Polen hatte und mit meiner jungen Frau nicht nach Warschau ins Ungewisse gehen konnte, wo ich doch wußte daß von dem Haus, den Eltern und Verwandten keine Spur geblieben war, lag es nahe zuerst in die Ortschaft meiner Frau bei Opole (Oppeln) zu gehen. Und nach einigen Tagen sind wir tatsächlich dort angekommen. Das Haus stand noch, und der Vater meiner Frau war zu Hause. So konnten wir nach all den Strapazen wieder Fuß fassen.

Da ich immer ein vorwärtsstrebender Mensch war, begann ich sofort, mir über den Aufbau einer Existenz Gedanken zu machen. Mein erster Gedanke war natürlich, wieder in meinen Beruf als Photochemigraph zurückzugehen. Die Frage war nur wo. Wo konnte ich anklopfen? Wo gab es eine funktionierende Chemigraphie? Natürlich mußte ich zuerst eine Druckerei suchen, da die Chemigraphie naturgemäß einer Druckerei angegliedert ist. So begab ich mich nach Wrocław (Breslau), wo die einzige funktionierende Druckerei zu finden war. Diese Druckerei gehörte den ehemaligen "Breslauer neuste Nachrichten", war teilweise durch Bomben beschädigt, aber damals hatte man bereits einige Geräte zusammengeflickt und eine ziemlich normal funktionierende fotomechanische Reproduktionsabteilung eingerichtet, wo man mich mit Freude einstellte. Die Abteilung wurde von einem Herrn Pawlik aus Krakau geleitet. Außer ihm arbeitete dort Herr Padzik, ein Ätzer aus Warschau sowie deutsches Personal.

Natürlich war ein weiterer polnischer Landsmann sehr willkommen, und so fand ich eine Anstellung in meinem Beruf, in dem meine Lehre durch den Krieg unterbrochen worden war. Es war nicht einfach, mich nach sechs Jahren Unterbrechung wieder in meinem Beruf einzuarbeiten, nachdem ich inzwischen viele Erfahrungen in der Landwirtschaft gesammelt hatte. Für mich gab es aber nichts anderes als mit vollem Einsatz in meinen Beruf zurückzukommen, und so war ich froh, in dieser Druckerei eine Stelle gefunden zu haben.

Besuch in der Trümmerwüste von Warschau

Zuerst aber und bevor ich meine Arbeit aufnahm, zog es mich unbändig nach Warschau. Ich wollte wissen, wie es dort aussah und ob ich noch jemanden von meiner Verwandtschaft finden würde. Von Wrocław fuhr ich zunächst zurück nach Mnichów, wo meine Frau zu Hause war, und nach einigen Tagen brach ich nach Warschau auf. Die Züge waren damals so überfüllt, daß die Reisenden draußen auf den Trittbrettern standen und sogar oben auf den Dächern saßen, was natürlich nicht ungefährlich war. Die Billetkontrolle hatte unter diesen Umständen eine schwierige und halsbrecherische Arbeit zu leiten. Die Fahr nach Warschau dauerte etwa acht Stunden und war eine Strapaze.

In Warschau angekommen ging ich zuerst in die Straße, wo das Haus gestanden hatte, in dem ich geboren wurde. Es stand nicht mehr. Weit und breit ein Meer von Trümmern.[24] Keine Überreste von Häusern in erkennbaren Kon-

---

[24] Erhard Roy Wiehn, Ghetto Warschau 1943. Konstanz 1993, S. 189ff.

turen. Alle die bekannten unzähligen vier- und fünfstöckigen Häuserblöcke waren dem Erdboden gleichgemacht. Es sah aus, als ob all die Häuser durch eine Zerkleinerungsmaschine gedreht worden wären. Nur nach dem Verlauf der Straßenbahnschienen konnte ich mich orientieren. An einer Straßenecke ragte aus dem Trümmerhaufen ein Stück Mauer mit der teilweise sichtbaren Aufschrift "Pelzgeschäft Szwec". Ich kannte diese Straßenecke, das Pelzgeschäft war an der Ecke Nalewki- und Gesia-Straße.

Die Hausnummer 34 in der Nalewki-Straße war nicht mehr zu identifizieren. Nur ungefähr konnte ich rekonstruieren, wo das Haus gestanden hatte, in dem ich aufgewachsen bin, wo ich am 2. Dezember 1939 meine Eltern und den jüngsten Bruder auf Nimmerwiedersehen zurückgelassen hatte. Überall, wo man hinschaute, sah man nur Trümmerlandschaften. Aus dieser Wüste ragte einzig und allein die evangelische Kirche in der Leszno-Straße heraus.

Nun hatte ich mit eigenen Augen gesehen, was ich befürchtet hatte, daß nämlich weder das Haus noch jemand von der Familie lebend zu finden sei. Schließlich war das nicht ein gewöhnlicher Krieg, wo doch nicht alle umkommen, sondern auch viele überleben. Bis zum Einmarsch der deutschen Wehrmacht in Warschau und danach, war die Stadt - mit Ausnahme von zahlreichen zerbombten Häusern - intakt. Es waren Schäden, die normalerweise nach Kriegsende relativ rasch behoben werden konnten. Aber dieser Krieg war ein Vernichtungskrieg, besonders für die jüdische Bevölkerung. Das jüdische Viertel wurde nach dem jüdischen Aufstand im April 1943 von der SS Haus für Haus mit Flammenwerfern in Brand gesetzt und gesprengt.[25] Ein ähnliches Schicksal hat auch die polnischen Wohnviertel nach dem polnischen Aufstand im August 1944.

Der Unterschied bestand allerdings darin, daß die polnische Bevölkerung im Gegensatz zur jüdischen nicht in den Gaskammern landete sondern teilweise als "Ostarbeiter" zur Zwangsarbeit nach Deutschland verschickt wurde. Etliche dieser gefangenen Aufständischen kamen im Herbst 1944 auch nach Reichenbach und wurden bei verschiedenen Bauern in der Landwirtschaft eingesetzt.

Nun stand ich im April 1946 auf den Trümmern des Warschauer Ghettos und kam langsam zu mir. Hier war nichts mehr zu finden, niemand, den man fragen konnte - ein riesiger Friedhof.

Öde wie diese Trümmerlandschaft war es auch in mir, als ich mich wieder Richtung lebendige Stadt bewegte. In dem am rechten Ufer der Weichsel gele-

[25] Dazu Erhard Roy Wiehn, Ghetto Warschau – Aufstand und Vernichtung 1943 fünfzig Jahre danach zum Gedenken. Konstanz 1993.

genen Stadtteil Praga war ziemlich viel Wohnsubstanz erhalten. Hier war die Rote Armee schon im Herbst 1944 eingerückt, und die Deutschen hatten keine Zeit mehr, auch diesen Stadtteil zu zerstören. Im Stadtteil Praga war eine Art jüdische Meldestelle eingerichtet und etwas sagte mir, ich müßte mich dorthin begeben, um eventuell etwas über Hinterbliebene zu erfahren.

Es lagen dort Bücher auf mit alphabetischem Verzeichnis all jener, die sich hier gemeldet hatten. Zu meiner großen Freude und unter Staunen entdeckte ich dort den Namen meines Bruders. Es konnte keinen Zweifel geben. Geburtsdatum, Ort, Vornamen der Eltern, alles stimmte. Jedoch war keine Anschrift vorhanden, nur eine Nummer, die wie eine Militärfeldpostnummer aussah. Mit dieser Nummer ging ich zu einer polnischen Militärbehörde und dort sagte man mir, das sei keine Feldpostnummer einer polnischen, sondern einer sowjetischen Einheit. Daraufhin erkundigte ich mich bei einer sowjetischen Militärstelle, und dort riet man mir, an diese Nummer zu schreiben, denn wo diese Einheit stationiert war, wollte man mir sowieso nicht sagen. Ich schrieb einen Brief und gleich den Briefkasten der Militärdienststelle benutzt. Gespannt und voller Erwartung fuhr ich nach Wrocław zurück.

Arbeit, Kinder, Wiedersehen mit Bruder und Schwester

Wie vereinbart, begann ich im April 1946 meine Arbeit als Photochemigraph bei der Druckerei "Prasa" in Wrocław. Die Abteilung war nur notdürftig eingerichtet. Mit den alten Methoden konnte man die täglichen Aufgaben der Klischeeherstellung für den Schwarzweiß-Bilderdruck aber durchaus bewältigen.

Das polnische Personal wuchs. Nebst einem älteren Fotografen mit seinem Sohn aus Wilna (Vilnius) wurden auch ein Ätzer (Klischee-Ätzer) aus Warschau und einer aus Krakow angestellt. Das deutsche Personal ist mit der Zeit durch Auswanderung nach Deutschland ganz ausgeschieden.

Eine Wohnung zu finden war damals nicht schwer, gab es doch viele verlassene Wohnungen in den Vororten der Stadt. Die Zahl der freien Wohnungen wurde noch größer durch die Abwanderung der deutschen Stammbevölkerung.

Nach und nach habe ich mich in meinem Beruf gesteigert, und eines Tages wurde ich aufgefordert, meine Berufsprüfung abzulegen. Zu diesem Zweck bin ich nach Poznan (Posen) gereist, wo ich in der dortigen Druckerei meine Prüfungen abgelegt habe. Der Prüfmeister war ein alter, mit allen Berufskniffen ausgestatteter Fachmann. Nach der Prüfung wurde das Ereignis mit einer gehörigen Menge Wodka gefeiert.

Kurz nachdem ich den Brief an die Feldpostnummer abgeschickt hatte, hat sich mein Bruder in Wrocław gemeldet und mir mitgeteilt, daß auch meine Schwester in der Stadt sei. Nach ihrer Rückkehr aus Rußland hatte sie sich dort niedergelassen. Die Freude war natürlich groß, meinen Bruder Mosche und meine Schwester Bracha in Wrocław wiederzusehen (S. 107).

Bronislaw (links) und der ältere Bruder Mosche 1946

Von meinen Eltern hatte ich im Sommer 1940 einen Brief aus Warschau mit einem Foto der Eltern mit meinem jüngsten Bruder Jankiel (damals 13 Jahre) erhalten. Seither habe ich nie wieder etwas von ihnen gehört und vermute, daß sie im Sommer 1942 in Treblinka vergast wurden.
Mit Unterstützung der in jenem Viertel wohnenden Arbeitskollegen hatte ich mich umgesehen und eine kleine Wohnung bezogen, und zwar im Vorstadtviertel Sempolno, eine Eineinhalb-Zimmer-Wohnung in Parterre. Diese Lage sollte sich später als recht verhängnisvoll herausstellen. Als ich in die Wohnung einzog, wohnte dort noch eine alleinstehende ältere Dame namens Heinzelmann, die froh war, denn durch meinen Einzug fühlte sie sich vor verschiedenen Leuten geschützt, die hereinschauen konnten, um etwas Nützliches mitzunehmen; sie ist jedoch schon bald nach Deutschland ausgereist.

Die Wohnung bestand aus einem Wohnzimmer von ca. 20 Quadratmetern und einem schmalen Zimmer 1,50 x 4 Meter. Dieses Zimmer wurde als unser

Schlafzimmer genutzt. Außerdem hatten wir eine Küche mit einem Kohleherd und ein Badezimmer mit Toilette samt einem riesigen Kohleofen für heißes Wasser. Die Wohnung war klein, aber solange wir zu zweit waren, ging es gut. Bei unserem Haus gab es übrigens einen Garten mit Obstbäumen.

Im September 1946 kam dann unsere Tochter Christine zur Welt. Die Wohnung war immer noch nicht zu klein, denn die Größe einer Wohnung ist relativ. In den Nachbarwohnungen derselben Größe wohnten Großeltern mit verheirateten Kindern und Enkelkindern zusammen und klagten nicht. Im Mai 1955 wurde unser Sohn Michael geboren. Aus heutiger Sicht wäre diese Wohnung mit ihren knapp 40 Quadratmetern spätestens ab jenem Zeitpunkt für eine Familie mit zwei Kindern wohl zu klein gewesen, aber wir haben uns in das Kleinformat gefügt, denn wir wurden von all den anderen Schwierigkeiten unseres Alltags viel zu sehr in Anspruch genommen. Wir waren sehr jung, trotz allem optimistisch, und wenn man ein besseres Leben nicht kennt, so ist man mit dem Vorhandenen zufrieden.

Es war noch kein Jahr vergangen, seit wir dort eingezogen waren, da haben Diebe während unserer Abwesenheit, sich durch das Fenster im Parterre in die Wohnung eingeschlichen und alles gestohlen, was man wegtragen konnte. Die wenigen Habseligkeiten waren alles, was wir besaßen, und ein Gefühl der Hilflosigkeit überkam uns. Als Reaktion darauf habe ich aus einem ausgebrannten Haus Eisengitter herausgehauen, zu mir transportiert und sie bei uns einbauen lassen. Danach schauten wir durch Gitter in die Welt. Sicher sind Einbruchdiebstählen ein Beweis für eine nicht gerade wohlhabende Gesellschaft.

Im Jahre 1952 habe ich ein Abendgymnasium begonnen und im Jahre 1956 mit der Matura abgeschlossen. Diese Ausbildung sollte in Zukunft von großer Bedeutung für mich sein.

Im Jahre 1956 begannen in Polen politische Unruhen. Es war die Zeit des Aufstandes in Ungarn. Diese unsichere Lage führte dazu, daß mein Bruder beschloß, Polen zu verlassen und nach Israel auszuwandern, wie es damals viele Juden taten. Er bedrängte mich, ihm nach Israel zu folgen, so daß ich schließlich nachgab und mit meiner Familie am 5. Mai 1958 ebenfalls nach Israel auswanderte.

Von Polen kurzzeitig nach Israel übersiedelt

Bis es soweit war, vergingen mehrere Monate mit zermürbenden Vorbereitungen. Ich konnte mich nicht überwinden, den angestammten Ort mit einem sicheren Arbeitsplatz zu verlassen, um ins Ungewisse zu gehen, noch dazu in eine Gegend, die schon klimatisch völlig anders war. Am liebsten wäre ich in Wrocław geblieben. Der Einfluß des Bruders war jedoch so stark, daß ich, wenn auch widerwillig, mit der aktiven Unterstützung meiner Frau begann, die Vorbereitungen zur Ausreise zu treffen.

Es galt, die Papiere in Ordnung zu bringen. Dabei mußte man auf die polnische Staatsbürgerschaft verzichten, was eine Überwindung bedeutete. Dann mußte alles verkauft werden, was man nicht mitnehmen konnte. Letztendlich trafen drei große bestellte Holzkisten ein, in die unsere Fahrräder, Teppiche, Kühlschrank, Kleidung, einige Möbelstücke, etc. gepackt wurden. Am 5. Mai 1958 war es soweit. Wir fuhren nach Warschau und von dort über Wien, Venedig, Neapel nach Haifa.

All das Ungewisse, das uns in Israel erwartete, war vorläufig ins Unterbewußtsein verdrängt. Im Vordergrund stand das Abenteuer einer für unsere damaligen Begriffe kleinen "Weltreise". Ich freute mich und war unerhört neugierig auf die berühmten Stätten, die wir uns als gewöhnliche Sterbliche nur im Traum vorstellen konnten. Daß wir mit insgesamt 16 Dollar für die ganze Familie - nur soviel konnte man nämlich von der Bank bekommen - ein äußerst bescheidenes Taschengeld besaßen, kümmerte mich weniger.

Die Reise von Warschau nach Wien und weiter nach Milano und Neapel verbrachte ich am Fenster und nahm die vielen Eindrücke in mich auf. Die Kinder – drei- und 12-jährig - haben die Reise noch kaum erfassen können. Sie waren oft müde und wurden von meiner Frau dauernd bemuttert und umsorgt. Abends kamen wir nach Neapel, eine Stadt voller Leben und Lärm. Wir wurden von den Organisatoren in ein Hotel gebracht, bekamen Abendessen und gingen danach auf unsere Zimmer. Von Schlafen konnte aber keine Rede sein. Das Hotel befand sich in einem sehr geschäftigen Viertel, wo Geschrei und Rufe der Händler und Kinder nur noch vom Autolärm und Motorradgeknatter übertönt wurden. Es herrschte ein höllischer Lärm bis nachts 2 Uhr. Erst dann beruhigte sich alles, bis gegen 6 Uhr früh wieder voll Lautstärke herrschte.

In den umliegenden Straßen konnten wir das pulsierende Leben beobachten. Da waren Wohnungen zu sehen, direkt von der Straße, meist Einzimmerwohnungen, in jeder ein Fernsehapparat. Da es an Platz mangelte, spielte sich das Leben auf der Straße ab. Es wurde draußen gekocht, sich rasiert, Kinder wurden gestillt, es wurde gerauft und geschimpft. Wir schauten uns das alles mit Staunen und mehr Verwunderung als Bewunderung an. In Polen hatten wir ein bescheidenes Wirtschaftsniveau verlassen, aber das, was sich da in dem Armenviertel von Neapel abspielte, war auch kein Zeichen von Wohlstand.

Die nächsten Tage widmeten wir nur den Stadtbesuchen. Die Zitadelle am Hafen mit ihren Festungsmauern war beeindruckend. Weitere Erkundungstouren konnten wir aufgrund unserer sehr bescheidenen Finanzmittel nicht unternehmen. Die Kinder wünschten sich übrigens Bananen, die sie noch nie gesehen hatten.

Da man uns mit umgehängtem Fotoapparat unschwer als Touristen erkannte, hatte sich ein Straßenhändler an uns herangemacht, der uns unbedingt mit einer Schweizer Uhr beglücken wollte. Ich hatte nicht die geringste Absicht, eine Uhr zu kaufen, und so habe ich sein Angebot von 6000 Lira entschieden abgelehnt. Er setzte seine Bemühungen mit einem Preis von 5000 Lira aber unbeirrt fort. Ich habe ihm wieder zu verstehen gegeben, daß ich keine Uhr brauchte und zeigte ihm meine. Das störte ihn nicht, und er setzte seine Werbung mit 4000, 3000, 2000 fort. Als er bei 1500 Lira angelangt war, begann ich zu überlegen. Eine so schöne Uhr für 1500 Lira konnte man wirklich nicht ablehnen. Also habe ich sie gekauft. Da sieht man, wie wichtig Ausdauer und Aufsässigkeit beim Handeln sind. Die Entscheidung kostete mich lange Zeit Vorwürfe meiner Frau, weil mit dem Kauf der Uhr die Möglichkeit zunichte war, den Kindern die begehrten Bananen zu kaufen. Schließlich habe ich eingesehen, daß die Uhr wirklich ein Irrtum war und war böse auf mich selbst und auf den Straßenhändler. Die Uhr hatte übrigens nach ein paar Monaten den Geist aufgegeben, und zur Reparatur wollte sie niemand annehmen.

In Neapel konnten wir am 8. Mai 1958 den dritten Geburtstag unseres Sohnes Michael feiern. Am 16. Mai 1958 konnten wir endlich an Bord eines Schiff im Hafen von Neapel gehen und Richtung Israel abdampfen. Der alte Kahn hieß "Arca". Diese Seereise war ein Erlebnis. Gutes Essen, schönstes Wetter und zum Schluß – seekrank.

Am 19. oder 20. Mai 1958 landeten wir in Haifa. Von dort wurden wir mit einem Bus nach Kirjat Amal nach Galiläa gebracht, wo eine aus vorgefertigten Baracken errichtete Siedlung bereit stand. Die Baracken waren ausgestattet mit Küche, Dusche und zwei Wohnräumen. Zur Begrüßung bekamen wir unter anderem grüne Oliven. Wir glaubten, es seien eine Art Pflaumen, aber der Geschmack war ganz anders, als wir erwartet hatten und konnten es nicht herunterschlucken. Mit der Zeit wurden Oliven jedoch eine beliebte Kost.

Nun mußte ich mich schnell um Arbeit kümmern, fuhr am nächsten Tag nach Bat Jam in der Nähe von Tel Aviv, bewarb mich in einer Druckerei als Lithograph und wurde auf der Stelle engagiert. Das Problem war nur die Entfernung der Arbeitsstelle vom Wohnort, immerhin 90 km. Mit der Zeit habe ich dann eine Baracke in der Nähe von Bat Jam bezogen, und so wurde das

Leben schon viel leichter. Nach dem dürftigen Warenangebot in Polen waren wir überwältigt von dem großen und differenzierten Angebot an Lebensmitteln, Kleidung und auch in anderen Bereichen.

Die Maabara - so hieß die Barackensiedlung - war sehr nahe am Meer, und so konnten wir fast jeden Tag baden gehen. Meiner Frau hat es sehr gut gefallen, sowohl das Klima als auch die Einkaufsmöglichkeiten und die freundlichen Menschen. Ich hatte allerdings unter dem Klima zu leiden, und die Hitze hat mir sehr zu schaffen gemacht. Die Arbeitsstätte war jedoch klimatisiert, insofern ging es dort gut. Die Arbeit selbst war derart neu, daß ich mich zuerst bekannt machen mußte mit all den Neuheiten, die ich aus Polen nicht kannte, z.B. Kontaktraster statt Projektionsglasraster, fotomechanische Maskiersysteme und vieles mehr.

Zurück nach Deutschland und dann in die Schweiz

Es dauerte nicht lange, und ich begann, mich nach Europa zu sehnen. Mir fehlten das Grün des Waldes, das vertraute Klima, der Herbstregen, Schnee im Winter und angenehme, nicht zu heiße Sommer. In Verbindung mit einer Tante meiner Frau im Raum Köln begannen wir, wiederum Vorbereitungen zur Abreise zu treffen. Im Januar 1960 war es soweit und wieder bestiegen wir ein Schiff, diesmal die "Herzl", ein modernes israelisches Passagierschiff. Am 10. Januar 1960 legten wir in Neapel an, und nach zweitägiger Bahnfahrt kamen wir am 12. Januar 1960 nach Neuss.

Nur einige Tage später bekam ich eine Anstellung als Lithograph in einer Großdruckerei in Kempen, und kurz darauf zogen wir mit der ganzen Familie in eine von der Firma zugewiesene Wohnung. Wir wohnten und arbeiteten in Kempen bis September 1961. Dann zogen wir in die Schweiz nach Bern. Hier haben wir uns nun fest verankert und leben im Kreise einer immer größer werdenden Enkelkinderschar: Ich habe fünf Enkel und zwei Urenkel.

Seit 20 Jahren arbeitete ich in einer Firma der gleichen Branche, in der ich meine berufliche Laufbahn vor mehr als einem halben Jahrhundert begonnen hatte.

Mit der Zeit hatte mir diese Stelle nicht mehr behagt, weil ich keine weitere Entwicklungsmöglichkeit für mich sah. So habe ich mich bei einer Schweizer Firma beworben, nämlich bei Nottaris & Wagner in der Nähe von Bern als Instruktor für neuartige fotomechanische Apparate. Das war im April 1963. Diese neue Anstellung führte mich zu vielen Arbeitseinsätzen ins Ausland: Messen in Leipzig, Düsseldorf, Brünn, Poznan (Posen), Moskau, Zagreb, Belgrad, Kopenhagen, Malmö, London. Außerdem kam ich zu Montage- und Instruktionseinsätzen in verschiedene Druckereien in Europa, Kanada und die USA. Dank meiner Kenntnisse der slawischen Sprachen war ich für die Firma ein besonders geschätzter Mitarbeiter, und die Verkaufserfolge waren entsprechend hoch.

Ab Januar 1970 wechselte ich zur englischen Firma Crosfield Electronics, für die ich ein Büro in Wien eröffnete, um den ganzen osteuropäischen Raum mit dem neuen Scanner zu beliefern, was von großem Erfolg gekrönt war. Der russische und der polnische Markt hatten sich als besonders ergiebig erwiesen. Meine polnischen und russischen Sprachkenntnisse haben sich dabei als besonders nützlich erwiesen. Außer geschäftlichen Beziehungen wurden auch die persönlichen sehr stark und angenehm entwickelt. Nachdem ich Ende 1994 in Pension gegangen war, habe ich noch bis Ende 2005 als Privatfirma meine Tätigkeit weitergeführt. Jetzt bin ich über 80 Jahre alt, habe außer zwei Kindern auch fünf Enkel und zwei Urenkel – und versuche, mich jetzt zur Ruhe zu setzen.

Familie Erlich in der Schweiz 1964

Nachwort

Seit ich meine Lebensgeschichte aufgeschrieben habe, sind über 20 Jahre vergangen. In dieser Zeit sind zahlreiche Bücher von Holocaust-Überlebenden erschienen, und im Fernsehen und in Kinos wurden Film-Dokumentationen über die Vernichtung der europäischen Juden gezeigt. All das hat mir erst vor Augen geführt, welch grausames Leid dem jüdischen Volk zugefügt wurde.

Diese tragischen Geschichten geschahen an vielen Orten, jeder Überlebende hat seinen Kampf ums Überleben unter ganz verschiedenen Umständen führen müssen. Jeder mißlungene Schritt konnte den Tod bedeuten. Deshalb habe ich nach vielen Jahren beschlossen, mein Buch zu veröffentlichen, um mein Überlebensschicksal in das Mosaik anderer Holocaustüberlebender einzufügen und den nachfolgenden Generationen als Mahnmal der Naziherrschaft zu hinterlassen.

Wer wird je verstehen, wie im 20. Jahrhundert mitten in Europa Menschen auf sadistische, bestialische Weise in Ghettos durch Hunger und Krankheiten zu Tode geschunden wurden? Wer kann sich das seelische und physische Leiden von Frauen, Männern, Greisen und Kindern vorstellen, die bei lebendigem Leibe verbrannt wurden oder in Gaskammern den Erstickungstod erleiden mußten? Selbst Leichen wurden geschändet, indem man Zahngold zu Weiterverwendung herausbrach.

Meine Leidensgeschichte ist eine von vielen und soll eine Mahnung bleiben, damit sich so etwas nicht wiederholt. - im März 2007

Bronislaw Erlichs Schwester Bracha (Bronia) 1982

Familie Erlich 1963

Edition Schoáh & Judaica/Jewish Studies – seit/since 1984
von/by Prof. Erhard Roy Wiehn
Hartung-Gorre Verlag/Publishers, Konstanz, Germany
Polen 12/2015 http://www.uni-konstanz.de/soziologie/judaica

Solomon Atamuk, **Juden in Litauen** – Ein geschichtlicher Überblick vom 14. bis 20. Jahrhundert. Aus dem Litauischen von Zwi Grigori Smoliakov. Konstanz 2000, 340 Seiten. ISBN 3-89649-200-4

Władysław Bartoszewski, **Die deutsch-polnischen Beziehungen** – gestern, heute und morgen. Ein Vortrag an der Universität Konstanz 2002. Konstanzer Schriften zur Sozialwissenschaft, Band 61, herausgegeben von Horst Baier u. Erhard Roy Wiehn. Konstanz, Hartung-Gorre Verlag, Konstanz 2002, 27 Seiten. ISBN 3-89649-818-5

Anna Cwiakowska, **Verstecken vor dem Tod** – Retter und Rettung jüdischen Lebens in Polen 1939-1945. Konstanz 2003, 70 Seiten. ISBN 3-89649-845-2

Jerzy Czarnecki, **Mein Leben als "Arier"** – Jüdische Familiengeschichte in Polen zur Zeit der Schoáh und als Zwangsarbeiter in Deutschland. Konstanz 2002, 99 Seiten. ISBN 3-89649-815-0

Jerzy Czarnecki, **My Life as an "Aryan"** – From Velyki Mosty through Zhovkva to Stralsund. Konstanz (Februar) 2007, 173 pages, many photos. ISBN 3-89649-998-X

Bronia Davidson-Rosenblatt, **Keine Zeit für Abschied** – Von Polen durch den Ural nach Samarkand und zurück bis Amsterdam. Jüdische Schicksale 1939–1956. Aus dem Niederländischen von Anneliese Nassuth. Konstanz 2000, 102 Seiten. ISBN 3-89649-528-3

Bronislaw Erlich, **Ein Überlebender berichtet** – Von Warschau durch das KZ Woł-kowysk und nach Fluchtversuchen als Zwangsarbeiter in Deutschland, dann von Polen nach Israel, Deutschland und in die Schweiz.
Konstanz 2007, 2. Auflage 2015. 111 Seiten. ISBN 3-86628-141-2

Mark Ettinger, **Erinnerungen** – Von Warschau durch die Sowjetrepublik Komi nach Astrakhan 1922–1999. Bearbeitet von Hermann Prell. Konstanz 2006, 170 S. ISBN 3-866-059-9

Schraga Golani, **Brennendes Leben** – Von Pabianice und Piotrków in Polen durch die Lager Skarzysko, Kamiena, Blizyn, Auschwitz-Birkenau, Ohrdruf bis zur Befreiung in Buchenwald. Konstanz 2004, 258 Seiten. ISBN 3-89649-955-6

Josef Goldkorn, **Im Kampf ums Überleben** – Jüdische Schicksale in Polen 1939–1945. Konstanz 1996, 180 Seiten. ISBN 3-89649-005-2

Jakob Honigsman, **Juden in der Westukraine** – Jüdisches Leben und Leiden in Ostgalizien, Wolhynien, der Bukowina und Transkarpatien 1933–1945. Aus dem Russischen von Juri Schatton, herausgegeben von Raymond M. Guggenheim u. Erhard Roy Wiehn. Konstanz 2001, 380 Seiten. ISBN 3-89649-647-6

Nina Klein, **Die polnische Erinnerung an Auschwitz.** Am Beispiel des staatlichen Museums Auschwitz-Birkenau. Vorwort von Aleida Assmann.
Konstanz 1999, 130 Seiten. ISBN 3-89649-409-0. (**Vergriffen**)

Roman Mnich, **Ivan Franko im Kontext mit Theodor Herzl und Martin Buber** – Mit Originalbeiträgen von Ivan Franko, Mathias Acher, J. Karenko, Carpel Lippe, Mychajlo Lozynskyj, Wasyl Szuczurat und Osias Waschitz. Antisemitismus und Philosemitismus in Ostgalizien 1886–1916. Konstanz 2012. ISBN 978-3-86628-415-9

Mirjam Moltrecht, **Dr. med. Łucia Frey** – Eine Ärztin aus Lwów 1889–1942. Rekonstruktion eines Lebens. Zur bleibenden Erinnerung. Konstanz 2004, 110 S. ISBN 3-89649-934-3

Richard Moschkowitz, **Ich nenn mich einen "deutschen Dichter"** – Von Bielitz-Bielsko durch Sibirien nach Buchara. Verse und Zeichnungen. 2005, 106 S. ISBN 3-86628-039-4

Rafael Olewski, **Tor der Tränen** – Jüdisches Leben im Schtetl Osięciny in Polen, Leiden unter NS-Terror und in Auschwitz, Überleben im KZ Bergen-Belsen, dort im DP-Camp und in Celle, 1914–1981. Konstanz 2014, 437 S., Fotos u. Dokumente. ISBN 978-3-86628-438-8

Mordecai Paldiel, **Es gab auch Gerechte** – Retter und Rettung jüdischen Lebens im deutschbesetzten Europa 1939–1945. Aus dem Englischen und Französischen von Brigitte Pimpl. Konstanz 1999, 134 Seiten. ISBN 3-89649-412-0

Erwin Rehn & Marie-Elisabeth Rehn, **Die Stillschweigs** – Von Ostrowo über Berlin und Peine nach Heide in Holstein bis zum Ende in Riga, Theresienstadt und Auschwitz. Eine jüdische Familiensaga 1862–1944. Konstanz 1998, 216 Seiten. ISBN 3-89649-259-4

Evelyn Pike Rubin, **Ghetto Schanghai** – Von Breslau nach Schanghai und Amerika. Erinnerungen eines jüdischen Mädchens damals. Konstanz 2002, 78 Seiten. ISBN 3-89649-792-8

Nava Ruda, **Zum ewigen Andenken** – Erinnerungen eines Mädchens aus dem Ghetto Lwow [Lemberg/Lviv]. Jüdische Familiengeschichte 1899–1999. Aus dem Hebräischen von Avri Salamon. Konstanz 2000, 66 Seiten. ISBN 3-89649-526-7

Leah Shinar, **Wie ein Becher Tränen** – Jüdische Familiengeschichten aus Krakau. Leben und Leiden in Polen 1939–1945. Konstanz 1999, 124 Seiten. ISBN 3-89649-388-4

Zvi Sohar, **Aus der Finsternis zum** Licht – Als Junge von Komarów in Polen durch Ghetto und zwei Jahre in Todesangst versteckt sowie nach Hamburg-Blankenese ein erfülltes Leben in Israel. Konstanz 2012, 124 Seiten, Fotos. ISBN 978-3-86628-416-6 u. 3-86628-416-0

Jehuda L. Stein, **Die Steins** – Jüdische Familiengeschichte aus Krakau 1830–1999. Konstanz 1999, 148 Seiten. ISBN 3-89649-417-1

Jehuda L. Stein, **Jüdische Ärzte und das jüdische Gesundheitswesen in Krakau** – Vom 15. Jahrhundert bis zur Schoáh. Konstanz 2006, 59 Seiten. ISBN 3-86628-046-7

Jehuda L. Stein**, Juden in Krakau** – Ein geschichtlicher Überblick 1173–1939. Konstanz 1997, 2. Auflage 2008, 137 Seiten. ISBN 3-89649-201-2

Zwi Helmut Steinitz, **Als Junge durch die Hölle des Holocaust** – Von Posen durch Warschau, das Krakauer Ghetto, Płaszów, Auschwitz, Buchenwald, Berlin-Haselhorst, Sachsenhausen bis Schwerin und über Lübeck, Neustadt, Bergen-Belsen, Antwerpen nach Erez Israel 1927–1946. Konstanz 2006, 2. durchgesehene und erweiterte Auflage 2008, 4. Auflage 2015, 455 Seiten. ISBN 978-3-86628-075-5

Zwi Helmut Steinitz, **As a boy through the hell of the Holocaust** – From Poznań through War-saw, the Kraków Ghetto, Płaszów, Auschwitz, Buchenwald, Berlin-Haselhorst, Sachsenhausen, to Schwerin and over Lübeck, Neustadt, Bergen-Belsen and Antwerp to Eretz Israel 1927–1946. Konstanz 2009. ISBN 978-3-86628-250-6

Zwi Helmut Steinitz, **Vom Holocaust-Opfer zum Blumenexport-Pionier** – Von Posen durch das Krakauer Ghetto und deutsche KZs nach Israel zum Gemüseanbau im Kibbuz und zum israelischen Blumenexport 1927–2007. Konstanz 2007, 117 Seiten. ISBN 3-86628-160-9

Zwi Helmut Steinitz, **Jüdisches Tagebuch** – Ein Überlebender der Schoáh engagiert sich als Israeli in Deutschland, besucht seine Geburtsstadt Posen und das Massengrab seiner Familie in Bełżec. Konstanz 2010, 99 Seiten, viele Fotos. ISBN 978-3-86628-328-2

Zwi Helmut Steinitz, **Durch Zufall im Holocaust gerettet** – Rückblick eines Israeli aus Posen, der das Krakauer Ghetto und deutsch KZs durchlitt und überlebte. Konstanz 2012, 96 Seiten, viele Fotos. ISBN 978-3-86628-424-1

Zwi Helmut Steinitz, **Eine deutsch-jüdische Kindheit im polnischen Posen –** Erinne-rungen eines Überlebenden und ein Wiedersehen nach 70 Jahren 1927–1939–2009.
Konstanz 2015, 172 Seiten, Fotos. ISBN 978-3-86628-548-4

Inka Wajsbort, **Im Angesicht des Todes** – Von Chorzów über Zawiercie, Tarnowitz, Tschenstochau durch Auschwitz nach Malchow und Oschatz. Jüdische Schicksale in Oberschlesien 1939–1945. Konstanz 2000, 236 Seiten. ISBN 3-89649-513-5

Erhard Roy Wiehn, **Kaddisch** – Totengebet in Polen. Reisegespräche und Zeitzeugnisse gegen Vergessen in Deutschland. [Anläßlich des 40. Jahrestages des Aufstands im Warschauer Ghetto] *Darmstadt (Verlag Darmstädter Blätter, Haubachweg 5, 64285 Darmstadt) 1984, 2. Auflage 1987. 903 Seiten. ISBN 3-87139-080-1:* **(Vergriffen)**

Erhard Roy Wiehn, **Ghetto Warschau** – Aufstand und Vernichtung 1943 fünfzig Jahre danach zum Gedenken. Konstanz 1993, 300 Seiten. ISBN 3-89191-626-4 **(Vergriffen)**

Erhard Roy Wiehn (Hg.), **Totengebet** – 60 Jahre Beginn des Zweiten Weltkriegs und der Schoáh in Polen. Konstanz 1999, 79 Seiten. ISBN 3-89649-415-5

Erhard Roy Wiehn (Hg.), **Überall nicht zu Hause**- Jüdische Schicksale im 20. Jahrhundert. Gespräche mit Überlebenden in Konstanz. Konstanz 2012. 264 S., ISBN 978-3-86628-434-0

Erhard Roy Wiehn, **Die Edition Schoáh & Judaica** – Entstehung und Entwicklung sowie Autorinnen und Autoren. Konstanz 2013, 94 Seiten. ISBN 978-3-86628-456-2